Selbstmanagement

Bischof/Bischof

Selbstmanagement

effektiv und effizient

Anita Bischof
Dr. Klaus Bischof

Die Deutsche Bibliothek – CIP-Einheitsaufnahme

Bischof, Anita:
Selbstmanagement effektiv und effizient / Anita Bischof/Dr. Klaus Bischof. –
Planegg : STS, Standard Tabellen- und Software-Verl., 1997
  (STS-Taschen-Guide)
  ISBN 3-86027-171-7

ISBN 3-86027-171-7
Bestell-Nr. 00667

© 1997, STS Standard Tabellen & Software Verlag,
ein Unternehmen der Haufe Verlagsgruppe
Postanschrift: Postfach 13 63, 82142 Planegg
Hausanschrift: Fraunhoferstraße 5, 82152 Planegg
Fon (0 89) 8 95 17-2 00, Fax (0 89) 8 95 17-2 50
E-Mail: online@haufe.de
Internet: http://haufe.de
Lektorat: Dr. Harald Henzler; Claudia Nöllke, Textbüro Nöllke

Alle Rechte, auch die des auszugsweisen Nachdrucks, der fotomechanischen
Wiedergabe (einschließlich Mikrokopie) sowie der Auswertung durch Daten-
banken oder ähnliche Einrichtungen vorbehalten.

Satz + Layout: Satzstudio »Süd-West« GmbH, 82166 Gräfelfing
Umschlaggestaltung: Agentur Buttgereit & Heidenreich, 45721 Haltern am See
Druck: J. P. Himmer GmbH, 86167 Augsburg
Baaske Cartoons München: Klaus Espermüller, Bjorn Holm, Oswald Huber

TaschenGuides – die kleine Bibliothek für effektives Arbeiten

Für alle, die keine Zeit verschwenden wollen, die einen präzisen Einstieg in ein Thema suchen oder ihr Wissen ohne großen Aufwand auffrischen wollen.

Sie sparen Zeit und können das Wissen effizient umsetzen:

Die Gliederung läßt übersichtlich die wichtigsten Themen erkennen.

Die Aussagen sind auf das Wesentliche reduziert.

Auch Querlesern wird durch Zwischenüberschriften und die zweite Farbe ein Einstieg ermöglicht.

Tips und Checklisten bieten das nötige Werkzeug für Ihre Arbeit.

Sie können die TaschenGuides bequem überallhin mitnehmen.

Ohne größeren Aufwand können Sie die TaschenGuides allen Ihren Mitarbeitern geben und erhalten so eine gemeinsame Arbeitsbasis.

Für Anregungen sind wir Ihnen immer dankbar.
Ihr STS Verlag.
Fraunhoferstraße 5 – 82152 Planegg
Fon 0 89 / 8 95 17-2 22
Fax 0 89 / 8 95 17-2 90

Inhalt

- 8 — **Vorwort**

- 9 — **Wo stehen Sie?**
- 10 — Ihre Lust-Frust-Bilanz
- 12 — Was haben Sie bisher geleistet?
- 14 — Die Stärken- und Schwächenanalyse
- 18 — Kompetenzen erkennen und bewerten

- 23 — **Wie Sie Ihre Ziele finden und verwirklichen**
- 25 — Ziele finden
- 29 — Ziele formulieren
- 37 — Ziele realisieren mittels Aktivitätenliste
- 39 — Kennen Sie den Prozeßverlauf?

- 46 — **Wie Sie Ihre Zeit richtig managen**
- 46 — Wozu Zeitmanagement?
- 47 — Das Eisenhower-Prinzip: Was ist wichtig, was ist dringlich?
- 50 — Das Arbeitsprotokoll
- 52 — Erst A, dann B, dann C
- 55 — Leistungsfresser erkennen und eliminieren
- 58 — Planen Sie den Tag mit Alpen!
- 60 — Zeitplanbücher
- 62 — Anruferliste
- 64 — Aktivitätenliste
- 65 — So bewältigen Sie Streß

Wie Sie effektiv mit anderen zusammenarbeiten ■ 70

Bereiten Sie Gespräche vor! ■ 70

Gekonnt präsentieren und vortragen ■ 74

Rezepte gegen Lampenfieber ■ 77

Sicher auftreten vor einer Gruppe ■ 80

Nutzen Sie visuelle Medien! ■ 83

Wie Sie Ihre kommunikativen Fähigkeiten ausloten ■ 91

Worum geht es? ■ 91

Testen Sie Ihre kommunikativen Fähigkeiten! ■ 94

So analysieren und beheben Sie Schwierigkeiten in der Kommunikation ■ 101

Epilog ■ 106
Stichwortverzeichnis ■ 115

Vorwort

Selbstmanagement ist eine Schlüsselkompetenz, die nur wenige beherrschen. Eigentlich kein Wunder, denn weder Schulen noch Universitäten vermitteln, wie wir unsere beruflichen Ziele finden und zielstrebig verfolgen, unsere Arbeit perfekt organisieren, Zeit richtig nutzen, mit anderen effektiv zusammenarbeiten oder unsere kommunikativen Fähigkeiten weiterentwickeln. Ob als Führungskraft oder Mitarbeiter – spätestens im betrieblichen Alltag merken wir, daß ein unkoordinierter Arbeitsstil viel Geld, Zeit und Nerven kostet.

Unser Taschenguide hilft Ihnen, den Arbeitstag in den Griff zu bekommen und Ihre beruflichen Ziele zu erreichen: mit Checklisten zur kritischen Selbstanalyse und Standortbestimmung, vielen Tips und überzeugenden, einfachen Lösungen für die Praxis. Lernen Sie, sich selbst zu managen, und Sie werden auf der Karriereleiter schnell vorankommen!

Anita Bischof und Dr. Klaus Bischof

Wo stehen Sie?

Wer bewußt Verantwortung für seine berufliche Laufbahn übernehmen will, muß zunächst einmal wissen, wo er überhaupt steht. Möglichkeiten und Chancen für das eigene Fortkommen auszuloten ist der erste Schritt auf dem Weg zum erfolgreichen Selbstmanagement.

Wir stellen Ihnen einige bewährte Instrumente vor, mit denen Sie sich über Ihren heutigen Standort einfach und schnell klar werden:

- Lust-Frust-Bilanz
- Leistungsbilanz
- Stärken-Schwächen-Analyse
- Kompetenzbeurteilung

Später, wenn wir uns auf die Suche nach Ihren Zielen begeben und diese schriftlich festhalten, werden diese Instrumente zur Standortbestimmung erneut wichtig.

Ein Beispiel

Angenommen, Sie stellen bei der Stärken-Schwächen-Analyse fest, daß Ihnen Teamarbeit schwerfällt und Sie viel lieber für sich alleine arbeiten. Für die Zukunft wünschen Sie sich aber, in einer bestimmten Firma an der Entwicklung von Motoren mitzuarbeiten. Da Sie sicher sein können, daß ein Ingenieurteam an solchen Entwicklungen arbeitet, müssen Sie sich natürlich fragen, ob Sie dort überhaupt gut aufgehoben wären.

Vielleicht haben Sie in Ihrer Kompetenzbeurteilung festgehalten, daß Sie dann besonders erfolgreich sind, wenn Sie anderen Konzepte präsentieren und verkaufen. Dann fragt sich natürlich, ob Sie Ihre Talente nicht vergeuden, wenn Sie in Zukunft einen Job ohne Kundenkontakt suchen.

> ■ *Halten Sie die Ergebnisse der nachfolgenden Analysen unbedingt schriftlich fest! Wer sich die Fragen nur durch den Kopf gehen läßt, riskiert schwammige, wenig konkrete Einschätzungen. Was nicht schwarz auf weiß auf dem Papier steht, ist nicht zu Ende gedacht, wird später oft vergessen oder im nachhinein ganz anders interpretiert.* ■

Ihre Lust-Frust-Bilanz

Zunächst geht es darum, daß Sie Ihre aktuelle berufliche Situation richtig einschätzen. Es geht hierbei nicht um Fakten, sondern um Ihre **Emotionen**, die Sie in der sogenannten Lust-Frust-Bilanz schriftlich festhalten.

- Sie werden sich darüber klar, was Ihnen bei der Arbeit Spaß macht und leicht fällt bzw. wo Sie mögliche Schwachpunkte haben und mit Frustration reagieren.
- Die Bilanz dokumentiert Ihre jetzige Situation. Später können Sie leicht daran ablesen, ob und wie Sie sich weiterentwickelt haben.

Wie gehen Sie vor?

1 Stellen Sie eine Reihe von Faktoren zusammen, die Einfluß auf Ihre Arbeitszufriedenheit bzw -unzufriedenheit nehmen. Solche Faktoren könnten sein: Ihre verschiedenen Aufgabenfelder, die Zusammenarbeit mit Vorgesetzten bzw. Mitarbeitern, das Arbeitsklima, Ihr Verhältnis zu Kunden und Lieferanten etc.

2 Jetzt überlegen Sie für jeden Bereich, was Ihnen Freude bereitet und was Sie frustriert. Was Spaß macht, halten Sie auf der Lustseite, was Frust bereitet, auf der Frustseite schriftlich fest.

Die Lust-Frust-Bilanz verdeutlicht negative und positive Emotionen

Lust	Frust

Beispiel: Die Lust-Frust-Bilanz eines Beraters

Lust	Frust
• Zusammenarbeit mit Menschen • Kunden fordern • unterschiedliche Aufgaben • konzeptionelles Arbeiten	• echtes Feedback zu erhalten ist nicht immer möglich • Hotelübernachtung

> ■ *Falls es Ihnen nicht leichtfällt, auf Anhieb zu sagen, wann Sie Spaß empfinden und wann Sie verärgert sind, denken Sie einmal scharf nach: Welche Aufgaben schieben Sie immer wieder auf die lange Bank, welche gehen Sie rasch an? Wann fühlen Sie sich bei der Arbeit gut, wann reagieren Sie gereizt? Welche Kollegen, Vorgesetzte und Kunden mögen Sie, wem gehen Sie aus dem Weg?* ■

Was haben Sie bisher geleistet?

Wissen Sie eigentlich, was Sie beispielsweise im letzten Jahr geleistet haben? Ihre persönliche Leistungsbilanz gibt Ihnen eine Antwort darauf, auf welchen Gebieten Sie erfolgreich waren bzw. Mißerfolge verzeichnen mußten. Sie hilft Ihnen, Ihre Leistungsfähigkeit zu erkennen, daran weiterzuarbeiten bzw. Ihren Kurs gegebenenfalls zu korrigieren.

Was haben Sie bisher geleistet?

Wie gehen Sie vor?

1 Wählen Sie einen bestimmten Zeitabschnitt, z. B. das letzte Jahr, und fragen Sie sich: Was habe ich mir damals vorgenommen, was konnte ich erreichen, und wo habe ich meine Ziele verfehlt?

2 Tragen Sie auf der Erfolgsseite sowohl dokumentierte und vereinbarte erreichte Erfolge ein als auch „zufällige", ungeplante.

3 Notieren Sie auch Punkte, die Ihnen zu einem späteren Zeitpunkt einfallen. So ergibt sich eine vollständige und aktuelle Leistungsbilanz.

Die Leistungsbilanz verdeutlicht eigene wichtige Erfolge und Mißerfolge

Erfolg	Mißerfolg

Beispiel: Die Leistungsbilanz eines Beraters

Erfolg	Mißerfolg
• Langjährige Kundenbe- beziehungen • Ergebnisse aus Aufträgen werden umgesetzt • Bekanntheitsgrad gesteigert • Qualität der Produkte ist groß	• Kunden nutzen immer nur spezielle Stärken • Internet nicht genutzt

Die Stärken- und Schwächenanalyse

Anhand der Lust-Frust-Bilanz und der Leistungsbilanz haben Sie im Detail beschrieben, wo Sie heute stehen. Jetzt wenden Sie sich der Analyse Ihrer Stärken und Schwächen zu.

Die Stärken- und Schwächenanalyse

- Gerade in längeren Veränderungsprozessen ist es hilfreich, Fähigkeiten und Schwachpunkte zu erkennen und immer wieder zu benennen. So lassen sich Entwicklungen besser ablesen.
- Wer weiß, wo die eigenen Stärken liegen, setzt sie bewußter ein und gewinnt dadurch mehr Sicherheit. Wer sich seinen Schwächen stellt, lernt, besser mit ihnen umzugehen oder sie sogar zu überwinden.

Wie gehen Sie vor?

1 Fragen Sie sich zunächst nach Ihren Stärken!

Was bedeutet Stärke für mich? Welche Stärken habe ich? Was kann ich besonders gut? Welche Chancen ergeben sich aus meinen Fähigkeiten? Gefährde ich die Stärken, wenn ich beispielsweise in einem anderen Umfeld arbeite? Werde ich dann genauso von den Kollegen angenommen?

2 Loten Sie anschließend Ihre Schwächen aus!

Was bedeutet Schwäche für mich? Bei welchen Aufgaben versage ich immer wieder? Halten bestimmte Schwächen verborgene Chancen bereit, die sich in einem anderen Arbeitsumfeld entfalten könnten? Spielen meine Schwächen in einem anderen Umfeld vielleicht kaum mehr eine Rolle?

- *Listen Sie Ihre Stärken bzw. Schwächen nach einzelnen Aufgabenfeldern geordnet auf. So erhalten Sie ein systematisches Profil Ihrer Selbsteinschätzung.*

Die Stärkenanalyse zeigt Ihre besonderen Fähigkeiten auf.

Datum			
Aufgabe (Lebens- oder Berufsgebiet)	Stärken	Folgen/Chancen	Offene Fragen/ Absichten?
1.			
2.			
3.			

Die Schwächenanalyse verdeutlicht problematische Felder.

Datum			
Aufgabe (Lebens- oder Berufsgebiet)	Schwächen	Folgen/Risiken	Offene Fragen/ Absichten?
1.			
2.			
3.			

Beispiel: Die Stärken- und Schwächenanalyse von Alexandra B.

Datum: 01.04.97			
Aufgabe (Lebens- oder Berufsgebiet)	**Stärken**	**Folgen/Chancen**	**Offene Fragen/ Absichten?**
1. Konzeptionelle Aufgaben	• Hohes analytisches Denkvermögen	• Probleme, Aufgaben sind übersichtlich und auf das Wesentliche beschränkt strukturiert und damit leicht verständlich.	
2. Projektleitung	• Strukturierung	• Übersichtlicher Projektplan mit klaren Zuständigkeiten und Terminen	

Datum: 01.04.97			
Aufgabe (Lebens- oder Berufsgebiet)	**Schwächen**	**Folgen/Risiken**	**Offene Fragen/ Absichten?**
1. technisch orientierte Aufgaben	• geringe Experimentierfreude	• findet wenig für sich selbst heraus, lange Lernphase	
2. Präsentation, Vortrag	• großes Lampenfieber	• kommt bei Zuhörern schlecht an	

Kompetenzen erkennen und bewerten

Es gibt eine Reihe von Kompetenzbereichen, die wir im nächsten Schritt unter die Lupe nehmen wollen. Dazu zählen Ihre Persönlichkeit, die Fähigkeit, anderen Ideen oder Güter zu verkaufen, fachliches Können, soziale und Führungskompetenz. Um festzustellen, auf welchen Gebieten Sie über besondere Fertigkeiten verfügen und auf welchen Sie eher schwach sind, führen Sie eine Kompetenzbeurteilung durch.

- Sie erhalten ein klares Bild Ihrer Leistung.

- Sie erkennen, in welchen Kompetenzbereichen Sie bereits heute gut sind und wo es noch Defizite gibt.

- Sie lernen, sich auf einige klare Kompetenzbereiche zu konzentrieren.

Wie gehen Sie vor?

1 Beobachten und protokollieren Sie Ihr Verhalten!

Bereiten Sie sich vor, indem Sie Fakten sammeln! Bevor Sie mit der Analyse beginnen, beobachten Sie sich sorgfältig bei der Arbeit, z. B. bei Kundenbesuchen, in Ihrem Büro und bei Gesprächen mit Kollegen, Vorgesetzten und Mitarbeitern. Sie notieren, was Ihnen an Ihrem Verhalten auffällt.

Nehmen Sie die nachfolgend aufgelisteten Verhaltenskategorien zu Hilfe, um sich die Arbeit zu erleichtern. Sie können im übrigen auch eine Vertrauensperson bitten, Sie in Augenschein zu nehmen. Das erweitert den Blickwinkel und objektiviert die Ergebnisse.

Kompetenzen erkennen und bewerten

2 Beurteilen Sie Ihre Kompetenzen!

Nehmen Sie sich eine Stunde Zeit, und lesen Sie Ihre Notizen. Die Verhaltensbeschreibungen und frühere Aufzeichnungen (z. B. die Stärken-Schwächenanalyse) können ebenfalls herangezogen werden. Fassen Sie Ihre Notizen in klaren Aussagen zusammen, und halten Sie sie auf dem Formblatt in der rechten Spalte fest. In der mittleren Spalte können Sie Ihre Leistungen in den verschiedenen Kompetenzbereichen auf einer Skala selbst einschätzen. Sie können sich jedoch auch von Ihrem Vorgesetzten oder einem Dritten beurteilen lassen.

> ■ *Die Komptenzbeurteilung eignet sich auch für Bewerbungsgespräche. Zunächst beurteilen Sie den Bewerber, anschließend lassen Sie den Bewerber den Test durchführen. Tauschen Sie die Ergebnisse aus, und klären Sie etwaige Differenzen! Genauso können Sie auch schwierige Mitarbeiter beurteilen oder solche, die weiterentwickelt werden sollen.* ■

Die Verhaltensliste hilft bei der detaillierten Beschreibung Ihrer Fähigkeiten:

1. Verhaltensweisen, welche die Persönlichkeit kennzeichnen

Flexibilität und Initiative
- stellt sich schnell auf veränderte und neue Sachlagen ein
- richtet die Arbeitsführung auf die neue Situation aus
- reagiert schnell bei akuten Problemen und behält dabei die Übersicht
- erkennt Aufgaben aus eigenem Antrieb und greift sie auf, ohne den Weg genau vorgezeichnet zu bekommen

Auftreten
- spricht frei und offen
- schreibt klar und kurz
- ist sicher im Auftreten
- überzeugt das Publikum oder eine Diskussionsrunde
- läßt Partner aussprechen
- hört interessiert zu
- respektiert die Meinung des anderen in Diskussionen

2. Verkaufsverhalten

- macht ohne Widerstand Termine am Telefon ab
- führt harte Kundengespräche sicher und mit klaren Ergebnissen
- überzeugt uninformierte Kunden
- berät mit einem klaren Ergebnis unsichere Kunden
- fragt auch bei problemlosen Kunden hin und wieder nach

3. Fachliches Verhalten:

Arbeitsqualität
- führt eigene Arbeiten möglichst fehlerfrei aus

Arbeitsquantität
- erledigt Aufgaben in vorgegebener Zeit
- zeigt Ausdauer und Stetigkeit bei der Arbeit

Urteilsvermögen und Kontrolle
- erkennt Ziele und Notwendigkeiten
- setzt Prioritäten
- wählt neue Lösungswege nach ihrer Wirksamkeit und setzt sie gezielt ein
- kontrolliert eigene Arbeitsergebnisse

Kostenbewußtes Handeln
- erreicht vorgegebene Ziele mit möglichst geringem Zeitaufwand
- erkennt Verlustquellen und behebt sie
- geht rationell mit Ressourcen um

4. Soziales Verhalten und Führungsverhalten

Zusammenarbeit
- arbeitet mit Kollegen und Vorgesetzten zusammen
- beteiligt sich an gemeinsamen Aufgaben
- beschafft sachdienliche Informationen unter Ausnutzung aller Kommunikationswege
- leitet Informationen exakt und schnell weiter
- geht diskret mit vertraulichen Dingen um
- merkt sich wichtige Gedanken in Gesprächen und knüpft nachher daran an

Zielorientiertes Arbeiten und Überzeugungskraft
- bildet sich eine eigene Meinung aufgrund von Fachkompetenz und stellt sie verständlich dar
- überzeugt durch Argumente sowie durch Sprache und Auftreten, auch gegen Widerstände
- bewegt etwas
- gibt auch eigene Lieblingsaufgaben an andere ab

Mitarbeiterentwicklung
- erkennt Leistungspotentiale der Mitarbeiter
- fördert Mitarbeiter in ihrem Potential
- nutzt das Potential seiner Mitarbeiter voll aus
- gibt Mitarbeiter ab
- setzt theoretische und praktische Kenntnisse ein
- braucht kaum kontrolliert zu werden

Führungsverhalten (nur bei Führungsaufgaben)
- trifft Entscheidungen, die das Aufgabenziel erreichen
- kann und will unfähige Mitarbeiter straff führen
- vertritt Unternehmensentscheidungen bei seinen Mitarbeitern
- steht bei Problemen Mitarbeitern offen zur Verfügung
- berät Mitarbeiter bei Unsicherheit
- hört gut zu

Die Kompetenzbeurteilung zeigt Ihnen, wo Ihre Stärken liegen:

Kompetenzbeurteilung					
Name:					**Datum:**
Kernkompetenzen	**Beobachtung/Beurteilung durch Vorgesetzte/n**				**eigene Beschreibung**
1. Persönlichkeit	100%	75%	50%	25%	
• Flexibilität und Initiative	❏	❏	❏	❏	
• Auftreten	❏	❏	❏	❏	
2. Verkaufen	100%	75%	50%	25%	
• Kenntnis der Produkte	❏	❏	❏	❏	
• Verhalten zu Kunden	❏	❏	❏	❏	
3. Fachliches Können	100%	75%	50%	25%	
• Arbeitsqualität	❏	❏	❏	❏	
• Arbeitsquantität	❏	❏	❏	❏	
• Urteilsvermögen und Kontrolle	❏	❏	❏	❏	
• Kostenbewußtes Handeln	❏	❏	❏	❏	
4. Soziale und Führungskompetenz	100%	75%	50%	25%	
• Zusammenarbeit	❏	❏	❏	❏	
• Zielorientiertes Arbeiten und Überzeugungskraft	❏	❏	❏	❏	
• Führungsverhalten (bei Führungsaufgaben)	❏	❏	❏	❏	
• Mitarbeiterentwicklung (bei Führungsaufgaben)	❏	❏	❏	❏	

Wie Sie Ihre Ziele finden und verwirklichen

Ihre Ausgangssituation haben Sie nun geklärt. Sie wissen, wie Sie sich in Ihrer jetzigen beruflichen Situation fühlen, was Sie bisher geleistet haben, wo Ihre Stärken und Schwächen, Ihre Talente und Fertigkeiten liegen. Somit sind Sie gut vorbereitet für die nächsten Schritte auf Ihrem Weg zum erfolgreichen Selbstmanagement: die Zielfindung, Zielformulierung und -realisierung.

Warum sind Ziele so wichtig?

Jeden Tag sind wir mit einer Unmenge von Aufgaben konfrontiert, unser Terminkalender quillt über, Kollegen, Vorgesetzte und Kunden schneien mit unvorhergesehenen Anliegen herein. So vergeht Woche um Woche. Nur leider verlieren wir dabei leicht eines aus den Augen: unsere Ziele.

Wir richten unsere Aufmerksamkeit viel zu sehr auf einzelne Aufgaben. Statt dessen müssen wir lernen, in Zielen zu denken und unsere Aktivitäten streng nach diesen Zielen auszurichten. Nur so bündeln wir unsere Energien und erreichen das, was wir uns vorgenommen haben.

Darüber hinaus versetzen uns Ziele überhaupt erst in die Lage, unsere Leistung richtig zu beurteilen. Wenn wir für unsere Arbeit keine Meßlatte, keinen Richtwert haben, wissen wir auch nicht, ob wir gute oder schlechte Arbeit machen.

Wodurch zeichnen sich Ziele aus?

Ziele sind auf die Zukunft gerichtete Vorstellungen. Um sie zu erreichen, nehmen Sie sich etwas vor und realisieren es auch. Andernfalls sind es keine Ziele, sondern nur Pläne oder Vorsätze.

Wer sich ein Ziel setzt, klärt damit drei, für die Karriere entscheidende Dinge:

- Wo will ich hin? In welche Richtung will ich mich verändern bzw. entwickeln? Was will ich an mir selbst, in meiner Umgebung ändern?
- Wie will ich etwas ändern?
- Wie schnell möchte ich etwas erreichen?

Mit wem stimme ich meine Ziele ab?

Eines ist natürlich klar: Ein Ziel erreichen Sie nicht als Alleinkämpfer. Sie brauchen Menschen, die Sie in Ihren Karrierezielen unterstützen. Die Meinungen anderer Personen, die von Ihren Plänen betroffen sind, müssen sie kennen. Dazu gehört neben Ihrem Chef selbstverständlich Ihr Lebenspartner. Offenheit ist jetzt notwenig. Es nützt nichts, wenn Sie sich über Ihre beruflichen Pläne Gedanken machen, wenn Ihr Chef ganz andere berufliche Ziele mit Ihnen verfolgt.

Was den Lebenspartner betrifft, so muß dieser sich meist auf mehr Engagement Ihrerseits einrichten. Es ist außerordentlich wichtig, daß Ihr Partner und/oder Ihre Familie bedeutende Entscheidungen mittragen, beispielsweise wenn Sie für ein Jahr ins Ausland gehen müssen. Gerade in schwierigen Situationen können eine gut funktionierende Partnerschaft oder ein harmonisches Familienleben über den beruflichen Erfolg entscheiden.

Ziele finden

Sicherlich kennen Sie Äußerungen wie: „Ich möchte mal ein Buch schreiben" oder: „Ich hätte gerne irgendwann ein eigenes Unternehmen". Solche Wünsche haben wir alle – doch wie ernst meinen wir es damit? Im Prozeß der Zielfindung klären Sie, was Sie wollen, wie wichtig bestimmte Wünsche für Sie sind. Bei der Zielfindung erarbeiten Sie Vorstellungen, Richtungen, Ideen für Ihre persönliche Weiterentwicklung.

Wo fange ich an?

Wir haben für Sie vier Fragen formuliert, die Ihnen helfen werden, die ersten Schritte auf dem Weg zu Ihren Zielen einzuleiten. Mit ihrer Hilfe

- haben Sie für sich geklärt, welche Wünsche Sie in welchem Zeitrahmen angehen wollen.
- werden Ihre Wunschvorstellungen geordnet, weil Sie sie auf der Zeitachse plaziert haben.
- können Sie alle Ideen und Wünsche, die Sie nicht auf der Zeitachse zuordnen können, bezüglich ihrer Ernsthaftigkeit überprüfen. Möglicherweise handelt es sich hier nur um Luftschlösser.
- erkennen Sie, wohin die persönliche Weiterentwicklung gehen soll.

Die Fragen lauten:

1 Was würde mir in einem Monat/Jahr Spaß machen?
_____
_____

2 Was wird mich in einem Monat/Jahr ärgern bzw. meine Nerven strapazieren? _____
_____

3 Was will ich in einem Monat/Jahr erreicht haben?
_____
_____

4 Was will ich in einem Monat/Jahr nicht erreicht haben?
_____
_____

Ziele finden

Was hilft mir bei meiner Zielfindung?

Folgende Instrumente und Vorgehensweisen erleichtern Ihnen die Zielfindung:

Ihre Wünsche, Vorstellungen und Ideen bezüglich Ihrer Weiterentwicklung ermitteln Sie mit Hilfe der **Lust-Frust-Bilanz** und der **Leistungsbilanz**. Prüfen Sie, mit was Sie unzufrieden sind und wo Sie sich verändern wollen. Stellen Sie sich konkret den Zeitrahmen vor, in dem Sie Veränderungen vollziehen wollen; so fallen alle Wünsche der Kategorie „wäre vielleicht mal was" oder „könnte interessant sein" durch.

Nutzen Sie auch die **Stärken-Schwächen-Analyse** aus der Standort-Bestimmung und die **Kompetenzbeurteilung für die Zielfindung**. In der **Stärkenanalyse** haben Sie Ihre Stärken notiert und die daraus zu erwartenden Chancen. Prüfen Sie, inwieweit Sie die Chancen realisieren können. In der **Kompetenzbeurteilung** haben Sie sich hinsichtlich verschiedener Fertigkeiten eingeschätzt. Auch hier überlegen Sie, bei welchen Kompetenzen Sie sich verbessern wollen.

Was soll sich zukünftig verändern?

Erstellen Sie eine Lust-Frust-Bilanz, die in die Zukunft gerichtet ist.

- Sie haben sich die Frage gestellt: Was soll mir in Zukunft (in einem Jahr/Monat) Spaß machen? Tragen Sie die Punkte auf der Lustseite der Lust-Frust-Bilanz ein.

- Die Antworten auf die Frage: Was wird mich in Zukunft (in einem Jahr/Monat) immer noch nerven, ärgern? halten Sie auf der Frustseite der Lust-Frust-Bilanz fest.

Wie Sie Ihre Ziele finden und verwirklichen

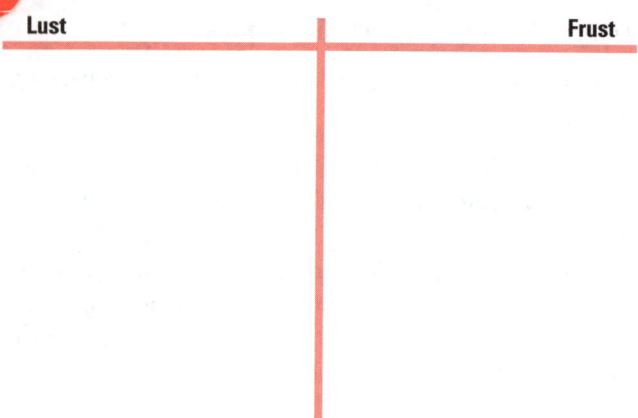

| Lust | Frust |

Was will ich zukünftig erreichen?

Ebenso erstellen Sie eine Leistungsbilanz, die in die Zukunft gerichtet ist. Sie überlegen sich dabei folgendes:

- Was möchte ich in einem Jahr/Monat erreichen? Wichtig ist, daß Sie sich darüber klar werden, in welchem Zeitrahmen Sie eine bestimmte Veränderung anstreben. Auf der Erfolgsseite tragen Sie nur Erfolge ein, die erwartbar und realistisch sind.

- Was glaube ich in einem Jahr/Monat nicht zu erreichen? Mit welchen Schwierigkeiten muß ich rechnen? Auf der Mißerfolgsseite notieren Sie die Punkte, die Ihnen Ihrer Ansicht nach aus dem Ruder laufen werden bzw. die Sie nicht beeinflussen können. Führen Sie auch auf, welche Ergebnisse Sie objektiv nicht erreichen werden. Stellen Sie darüber hinaus zusammen, was Sie aufgrund äußerer wie innerer Umstände nicht erreichen können.

Erfolg	**Mißerfolg**

Ziele formulieren

Je konkreter und klarer ein Ziel fomuliert ist, desto einfacher können Sie es umsetzen. Ein Ziel wird durch folgende Aussagen beschrieben:

- die Absicht, den Zweck der Veränderung
- die Maßnahmen, die Aktivitäten für die Umsetzung des Ziels
- das Ergebnis, den Zustand, der erreicht werden soll
- den zeitlichen Rahmen, bis zu dem die Veränderung umgesetzt wird

Wozu Ziele formulieren?

- Die Zielformulierung schafft Klarheit für die Zielumsetzung. Es werden **Details** für die Veränderung definiert.

■ Die Zielformulierung beinhaltet den **Plan** für die Umsetzung Ihrer Ziele. Zielkonflikte werden während der Zielformulierung aufgedeckt und gelöst.

Wie gehen Sie vor?

Um die eigenen Ziele formulieren zu können, beantworten Sie gewissenhaft die vier folgenden Fragenkomplexe:

1 Was bezwecke ich mit einer Veränderung?

Klären Sie im einzelnen folgende Punkte für sich:

- Die Absicht der Veränderung.
- Was bedeutet die Veränderung für mich?
- Welche Vorteile, welchen Nutzen erwarte ich aufgrund der Veränderung?

2 Wie komme ich dahin?

Formulieren Sie Maßnahmen für Ihr Ziel

- Was muß ich machen, damit ich die gesteckten Ziele erreiche?
- Welche konkreten Aktivitäten und Maßnahmen sind für die Zielerreichung notwendig?

Beispiel

Ein Außendienstmitarbeiter ist unzufrieden mit der bisherigen Routenplanung und setzt sich zum Ziel, diese zu verbessern. Er klärt zunächst, an welchen Punkten er ansetzen muß. So wird er etwa die zuviel gefahrenen Kilometer erfassen und seinem Vorgesetzten vorlegen. Darüber hinaus wird er bei der Terminvereinbarung in etwa wissen, welche Gebiete an welchem Tag angefahren werden sollen, und dies bei der Planung berücksichtigen.

Klären Sie konkrete Voraussetzungen

Was brauche ich für die Umsetzung meiner Veränderungen? Solche Voraussetzungen für eine Zielerreichung können sein:

- **Zeit**, z. B. damit Sie sich in ein neues Thema einarbeiten können
- **bestimmte Personen**, z. B. ein Mentor, der mit Ihnen Verständnisfragen klärt
- **Geld**, z. B. für Bücher, Lehrmaterial, Ausbildungskosten
- **ein Ort**, z. B. ein Raum, in dem Sie ungestört lernen können
- **Qualität**, z. B. eine offizielle Beurteilung Ihrer Arbeit
- **Quantität**, z. B. ein bestimmtes Volumen für eine offizielle Anerkennung Ihrer Leistung

Stecken Sie Ihren Einflußbereich ab

Ist es möglich, die erforderlichen Voraussetzungen zu schaffen?

Die Bereitstellung der Voraussetzungen liegt manchmal außerhalb Ihres Einflußbereiches. Sie sind dann auf eine dritte Person angewiesen. Es ist deshalb sehr wichtig, daß Sie sich bereits bei der Zielformulierung Gedanken machen, welche Voraussetzungen notwendig sind.

Falls es nicht möglich ist, die Voraussetzungen bereitzustellen, werden Sie dieses Ziel nicht realisieren. Das bedeutet, daß Sie das Ziel entweder auf später verschieben müssen oder daß Sie dieses Ziel anpassen oder ganz aus Ihrer Wunschliste streichen müssen.

3 Wo will ich hin?

Wohin soll die berufliche Entwicklung führen?

Was ist das Ergebnis, der Zustand, den ich mit der Veränderung erreichen möchte? Sie machen sich Gedanken, wohin Sie sich entwickeln wollen. Was sind die Ergebnisse Ihrer Entwicklung? Entwicklung ist unabdingbar mit Zielen verbunden, die mit Ihnen als Mitarbeiter vereinbart werden. Die Ziele können sowohl aufgabenorientiert wie auch beziehungsorientiert sein. Wechen Inhalt sie genau annehmen, hängt selbstverständlich von Ihren gesteckten Zielen ab. Wir empfehlen deshalb, mit Ihrem Vorgesetzten Ihre Überlegungen abzustimmen.

Welche Rolle spielen persönliche Ziele?

Hinzu kommt der **persönliche Aspekt**. Jede Person hat selbstverständlich eigene persönliche Ziele. Je enger diese mit den unternehmerischen zur Deckung gebracht werden, desto eher werden sie auch erreicht. Berufliche Entwicklung und persönliche Ziele können Sie nur über offene Gespräche mit Ihrem Vorgesetzten und sonstigen beteiligten Personen (z. B. Ihrem Lebenspartner) in Einklang bringen.

4 Bis wann will ich mein Ziel erreicht haben?

Zuletzt bestimmen Sie noch, in welchem Zeitrahmen Ihr Ziel verwirklicht werden soll:

- Bis wann soll die Veränderung umgesetzt werden?
- Ab wann werden Aktivitäten und Maßnahmen greifen?

Ziele formulieren im ZIEL-Schema

Das Ziel-Schema gibt Ihnen einen Eindruck davon, welche Punkte die Zielformulierung ganz konkret beinhaltet. Es hilft Ihnen dabei, Ihre Gedanken zu strukturieren.

Die Bedeutung von ZIEL

Zweck
Zu welchem Zweck machen wir das?
Was habe ich davon?
Was bedeutet das für uns?

Inhalt
Was brauche ich dazu? Methoden, Vorgehensweisen, Personen, Maßnahmen und Aktivitäten, Voraussetzungen
Wie und womit?

Ergebnis
ein meßbarer und überprüfbarer Zustand
Erfolgskriterien?
Was?

Länge
Wie lange?

Ein Beispiel zu ZIEL

	Zweck	**I**nhalt
	Zu welchem Zweck machen wir das? Was habe ich davon? Was bedeutet das für uns?	*Was brauche ich dazu? Methoden, Vorgehensweisen, Personen, Maßnahmen und Aktivitäten, Voraussetzungen, Wie und womit?*
	Zweck	**I**nhalt
Ziel 1	*ungestörtes Arbeiten zu gewissen Blockzeiten ermöglichen*	*mittels Telefonumleitung von 12.00 bis 14.00 Uhr und aktueller Tagesplanung und Wochenplanung schaffe ich mir Freiräume und ...*
Ziel 2		
Ziel 3		
Ziel 4		
Ziel 5		

Ergebnis
ein meßbarer und überprüfbarer Zustand
Erfolgskriterien?
Was?

Länge
Wie lange?

Ergebnis
Aufgaben, die eine hohe Konzentration erfordern, können bearbeitet werden

Länge
ab sofort

....

....

....

....

ZIEL steht dabei für

- Zweck
- Inhalt
- Ergebnis
- Länge

und deckt damit die vier Bereiche ab, die Sie benötigen, um ein Ziel zu verwirklichen. Mit dem Ziel-Schema erhalten Sie gleichzeitig einen kompakten Überblick über die Planung Ihrer Ziele.

Das Ziel-Schema läßt sich auch für weitere Anwendungsbereiche einsetzen:

- zur Klärung für sich und mit Ihrem Vorgesetzten, bevor Sie eine neue Funktion übernehmen;

- zur Vorbereitung und klareren Sachargumentation im Fördergespräch mit dem eigenen Vorgesetzten oder mit dem eigenen Mitarbeiter;

- für die Festlegung von klaren Abmachungen mit neuen Mitarbeitern für die Probezeit und danach;

- bei problematischen Mitarbeitern, um mit Ihnen die Bereitschaft zur Mitarbeit zu klären, z. B. mit Mitarbeitern mit Alkoholproblemen, bei Leistungsabfall, vor Abmahnungen;

- bei Mitabeitern, die sie übernehmen müssen (bevor Sie sie übernehmen).

Ziele realisieren mittels Aktivitätenliste

Sie haben Ihre Ziele gefunden und formuliert. Dann beginnt jetzt die eigentliche Arbeit: sie umzusetzen. Andernfalls sind es keine Ziele, sondern nur Vorsätze. Damit Sie sich tatsächlich verändern und Ihre Ziele erreichen, arbeiten Sie mit einer Aktivitätenliste, in der Sie alle zur Zielerreichung notwendigen Aufgaben festhalten (siehe auch „Die Aktivitätenliste" im Kapitel „Wie Sie Ihre Zeit richtig managen").

Wozu eine Aktivitätenliste?

- Sie behalten stets den Überblick über alle anstehenden Aufgaben. Außerdem können Sie mit Hilfe dieses Instruments Ihre Aktivitäten besser überwachen und kontrollieren.
- Ihre Planung wird Realität und muß allen Widrigkeiten, die von außen auf Sie zukommen, standhalten.
- Jeder Mitarbeiter, jede Person ist in ein Tagesgeschäft eingebunden. Veränderungen und Entwicklungen müssen Sie zusätzlich in Ihren jetzigen Tages- und Wochenablauf einbauen. So stellen Sie sicher, daß Sie die gesteckten Ziele auch wirklich umsetzen.

Wie gehen Sie vor?

1 Aktivitäten planen und Prioritäten setzen

Sie stellen alle Aktivitäten, die Sie in der Zielformulierung definiert haben, zusammen. Sie überprüfen die einzelnen Aktivitäten bezüglich ihrer logischen Abhängigkeiten und bringen die einzelnen Aktivitäten in die Reihenfolge, wie sie anschließend abgearbeitet werden. Sie erstellen einen Ablaufplan/Netzplan.

Ein Engpaß könnte für Sie selbst die zur Verfügung stehende Zeit sein, weil Sie z. B. neben Ihrem normalen Job nur zehn Stunden pro Woche für Ihre Weiterentwicklung zur Verfügung haben. Sie können die Aufgaben nur nach und nach abarbeiten.

Einen weiteren Engpaß können die Voraussetzungen für die Umsetzung bestimmter Ziele bilden. Oft liegt die Bereitstellung solcher Voraussetzungen nicht in Ihrem Einflußbereich. Sie sind hier auf die Unterstützung von außen angewiesen. Damit die Bereitstellung der Voraussetzungen Sie nicht zu stark in der Zielumsetzung blockiert, planen Sie notwendige Aufgaben mit entsprechender Pufferzeit ein.

2 Aktivitätenliste überwachen und aktualisieren

Sie erstellen eine Liste, auf der Sie die einzelnen Aktivitäten und dazugehörigen Daten wie Priorität oder beteiligte Personen notieren. Mit Hilfe dieser Aktivitätenliste können Sie die Umsetzung aller Maßnahmen überwachen. Aktualisieren Sie die Liste in regelmäßigen Abständen.

Diese Liste eignet sich für dieselben Anwendungsbereiche, die für das Zielschema genannt wurden (siehe Seite 36):

- Klärungsgespräche mit Ihrem Vorgesetzten,
- Fördergespräche mit Ihrem Vorgesetzten oder mit eigenen Mitarbeitern,
- Abmachungen mit neuen oder übernommenen Mitarbeitern,
- Abmachungen mit problematischen Mitarbeitern.

Die Auflistung der Aktivitäten verschafft Transparenz

Datum	Priorität	Aktivität – Was?	Bis wann?	Wer?	OK?

Daneben können Sie die Aktivitätenliste einsetzen für eine detaillierte Aufgabenverteilung

- im Rahmen von Projektmanagement,
- im Rahmen von Teamarbeit und Coaching.

Kennen Sie den Prozeßverlauf?

Einführung

Jede Veränderung, egal ob bei Ihnen, bei einem Mitarbeiter oder in einem Unternehmen, läuft nach klar unterscheidbaren Phasen ab. Diese zusammengefaßten Phasen bilden den Prozeßverlauf der Veränderung ab.

Zunächst tritt eine kurze **Euphoriephase** ein, in der man das Neue, die Veränderung begrüßt. Dann stürzt der Beteiligte ab, er merkt, daß er vieles nicht kann, daß er Fehler gemacht hat – auch in der Vergangenheit. Und er geht dann schließlich durch das Tal der Tränen, d. h. die **Desillusionierung** hindurch, wo klar wird, daß es wirklich Arbeit bedeutet, etwas Neues zu lernen.

In dieser Situation wird Kleinarbeit erforderlich, das langsame Herantreten an die Veränderung, an das neue Werkzeug. Jetzt nähern wir uns der eigentlichen **Lernphase**, wo die neuen Instrumente in der Tiefe ausgeleuchtet werden. Wenn dies abgeschlossen ist, folgt die **Leistungsphase**, in der die neuen Instrumente wirklich verwendet werden.

Die vier Phasen des Prozesses

1 Die Euphoriephase

Bei der Einführung eines neuen Hilfsmittels treten wir zunächst in eine kurze euphorische Phase. Das gleiche gilt selbstverständlich auch für eine neue Methode, einen neuen Ablauf, ein Neuzugang unter den Mitarbeitern oder neue Technologien.

Diese erste Phase, die Euphoriephase, ist vor allem durch die Hoffnung gekennzeichnet, daß jetzt alles anders wird, einfacher wird etc. Die Beteiligten freuen sich in der Regel, daß es eine Veränderung gibt. Sie sehen, daß dieses neue Hilfsmittel vielleicht bestehende Probleme besser lösen wird.

2 Die Desillusionierungsphase

An die Euphoriesierungsphase schließt sich die Desillusionierungsphase an. Dort wird klar, daß das neue Wissen, das neue Instrument doch nicht so einfach eingesetzt werden kann. Es wird gleichzeitig klar, daß in der Vergangenheit bestimmte Fehler gemacht wurden. Es wird deutlich, daß das neue Instrument noch nicht beherrscht wird, und alles doch nicht so einfach geht, wie es anfangs schien.

Gleichzeitg erfolgt ein dauerndes Hinterfragen des Bisherigen. Das führt dazu, daß auch bereits bekannte Aufgaben schlechter oder mit mehr Widerstand ausgeführt werden. In der Desillusionierungsphase werden mehr Fehler gemacht, es wird viel hinterfragt und die Zusammenhänge erscheinen weniger klar.

Kritisch ist hier, daß Übervorsichige und negativ denkende Menschen (Negaholiks) in der Desillusionierungsphase abbrechen wollen: Sie verlieren den Mut, das Neue anzupacken, sie zweifeln daran, daß sie das alles schaffen. Es kommen Aussagen wie: „Sehen Sie, ich sagte es ja schon vorher. Immer wieder was Neues, man kommt ja gar nicht zum Arbeiten. Früher war das alles einfacher, und ich weiß nicht, warum man alles so kompliziert machen muß."

3 Die Lernphase

Es folgt die Lernphase, in der wieder mehr Zuversicht herrscht – die Zuversichtsphase. Dort wird mit Hilfe klarer Führung deutlich, daß eine Chance besteht, das neue Hilfsmittel zu beherrschen. Den Beteiligten wird klar, daß das Können noch nicht da ist, daß es jedoch mögich ist, schrittweise und unter Anleitung dieses Wissen und diese Instrumentarien anzuwenden.

Die Instrumente werden angewendet und ausprobiert. Gleichzeitig ist sich der Betroffene bewußt, daß er die Instrumentarien selber noch nicht beherrscht. Er ist selber noch unsicher, in welchen Situationen er sie anwenden kann. Das heißt, die Anwendung ist hier beschränkt auf einfache und klare Situationen. Der Lernende weiß, daß er hier noch nicht alles genau überblicken kann.

4 Die Leistungsphase

Die letzte Phase ist die Leistungsphase. In der Leistungsphase wird das neue Wissen konkret umgesetzt, und gleichzeitig macht es dem Beteiligten wieder Spaß, das heißt, er fühlt sich sicherer. Er sieht, in welchen verschiedenen Bereichen er das Instrument anwenden kann. Er weiß, daß er jetzt also wirklich etwas gelernt hat, was umsetzbar und praktikabel ist. Jetzt ist wieder Platz, eine neue Aufgabe anzugehen.

Die Lust-Frust-Kurve verdeutlicht den Lernprozeß

Prozesse laufen im Grunde genommen immer nach bestimmten Schritten ab. „Prozeß" bedeutet hier Lernerfahrung oder Lernweg. Diesen kann man eindeutig beschreiben. Auf diesem Lernweg gibt es einerseits natürlich die Aufgabenkomponente, die kennzeichnet, wie gut jemand eine bestimmte Aufgabe leistet oder noch nicht kann.

Gleichzeitig gibt es die emotionale Komponente, die signalisiert, wie sicher, zuversichtlich und einsichtig der Beteiligte in dieser Aufgabe ist. Welche positiven und negativen Emotionen die einzelnen Phasen des Prozeßverlaufs bestimmen, verdeutlicht die Lust-Frust-Kurve.

Kennen Sie den Prozeßverlauf?

Prozeßverlauf

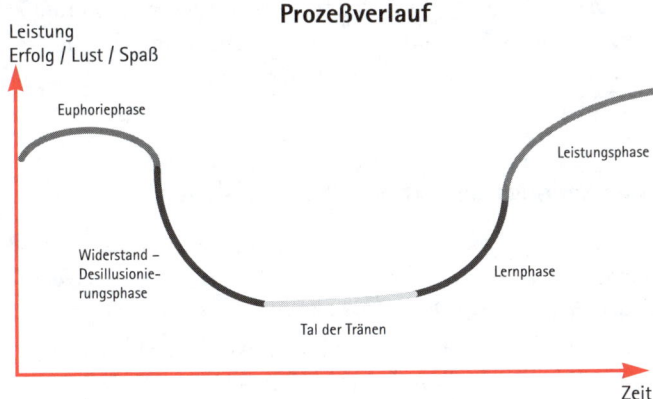

Warum ist es wichtig, den Prozeßverlauf zu kennen?

- Wer den Prozeßverlauf kennt, kann sich an ihm orientieren. Das Wissen über den Verlauf einer Veränderung erleichtert es, bei eigener Hilflosigkeit durch das „Tal der Tränen" nach vorne zu gehen. Es ist möglich, für sich bestimmte Extremsituationen zu definieren, die man durchschreiten will. Aufgrund dieser Definition erhält der Planende Kontrolle über sein Handeln in Extremsituationen.

- Wer den Prozeßverlauf kennt, kann bestimmte Gefühlsentwicklungen erkennen und diesen wirkungsvoll begegnen.

- Wenn der Prozeß den in der Zukunft Betroffenen dargestellt wird, werden ihnen bestimmte Entwicklungen transparent. Das hilft den Betroffenen, ebenfalls mit diesen Entwicklungen umzugehen.

Dieses Prozeßmodell ist selbstverständlich nichts grundsätzlich Neues. Es ist intuitiv nachvollziehbar, und Sie sind am besten beraten, wenn Sie diese Intuition für sich einfach weiter nutzen.

Wie kann ich das Prozeßmodell einsetzen?

Es gibt hier keine konkreten Empfehlungen, wo das Prozeßmodell eingesetzt werden kann. Sie können sich aber bewußt machen, in welcher Phase Sie sich gerade befinden. Es hilft Ihnen, wenn Sie in sehr wichtigen Lernentwicklungen immer wieder prüfen, welche Prozeßphase Sie gerade durchlaufen.

- Einsatzmöglichkeiten bieten sich beispielsweise bei schwierigen Situationen. Schätzen Sie einfach für sich einmal ein, in welcher Situation Sie immer wieder Mühe haben.
  - Gibt es ganz bestimmte Stufen innerhalb eines Lernprozesses, wo Sie bei sich selbst immer wieder Grenzen erleben?
  - Ist es die Anfangsphase, in der Sie Schwierigkeiten haben, die neuen Veränderungen einzuführen? Fällt es Ihnen schwer, die Euphorie zuzulassen, die notwendig ist, damit die Aufgabe auch tatsächlich angepackt wird?
  - Macht Ihnen die Durststrecke zwischen der Desillusionierung und der Lernphase Mühe?
  - Machen Sie sich Gedanken bezüglich des Nutzens, den Sie haben, wenn Sie diese Aufgabe angehen?
  - Blockieren Sie sich nicht selber durch zuviel Skepsis?
  - Diskutieren Sie mit anderen Personen zuviel, wobei Sie sich hauptsächlich mit den Risiken auseinandersetzen und die Chancen wenig beachten?

- Sie können das Prozeßmodell auch einsetzen, wenn Veränderungen in Ihrem Umfeld anstehen. Zeigen Sie den betroffenen Mitarbeitern, Kollegen oder Freunden auf, daß sie verschiedene Phasen durchlaufen werden. Das hilft, bestimmte schwierige Zeiten zu akzeptieren. Das hilft auch, sich selber besser zu verstehen, wenn Ängste oder Unsicherheiten beim Umgang mit den neuen Instrumenten auftreten.

Wo ist das Prozeßmodell besonders wichtig?

Es ist insbesondere bei großen strukturellen Veränderungen (Fusion, strategische Allianz, Zusammenlegung von Abteilungen) notwendig, diesen Prozeßablauf von vornherein aufzuzeigen.

- Es ist absolut notwendig, die Meilensteine dieser Veränderungen aufzuzeigen. Dadurch macht eine Unternehmensführung oder eine Führungseinheit deutlich, was die Merkmale der Veränderungen sein werden.

- Sie erklären, welche Instrumente für die Veränderungen eingesetzt werden. Die Beteiligten können abschätzen, was das Resultat dieser Veränderungen für jeden einzelnen auf der fachlichen wie auf der persönlichen Ebene bedeuten wird. Diese Transparenz trägt schließlich dazu bei, daß alle Beteiligten die Veränderungen akzeptieren.

Unzweifelhaft werden Veränderungen immer wieder notwendig sein. Wir können sie nicht einfach wegschieben. Daher halten wir es auch für notwendig, diese Veränderungen klar aufzuzeigen. Mit einer solchen Argumentation machen Sie deutlich, daß Sie den Prozeßverlauf im Griff haben und klar vorhersehen, was wichtig ist.

Wie Sie Ihre Zeit richtig managen

Wozu Zeitmanagement?

> „Nur wer sich selber organisiert,
> kann andere organisieren!"

Das persönliche Zeitmanagement ist eine sehr wichtige Komponente für ein erfolgreiches Selbstmanagement. Je mehr Zeit Sie für die wesentlichen Dinge nutzen können, um so besser sind Ihre Resultate. Das setzt voraus, daß Sie zum einen die wesentlichen Dinge und die unwesentlichen Dinge als solche identifizieren. Zweitens gilt es, Ihre Zeit für die wesentlichen Dinge zu nutzen und sowenig Zeit wie möglich mit unwesentlichen Dingen zuzubringen.

Die folgenden Instrumente werden Ihnen in vielen Situationen helfen, sich zu organisieren und damit zu höherer Wirksamkeit gegenüber sich selbst, Ihren Vorgesetzten, Kollegen und, falls Sie eine Führungsfunktion haben, gegenüber Ihren Mitarbeitern zu kommen.

20 Vorteile konsequenten Zeitmanagements

1. Konzentration auf das Wesentliche
2. Reduzierung von Verzettelung
3. Unterscheidung zwischen wichtigen und weniger wichtigen Vorgängen
4. Entscheidung über Prioritätensetzung und Delegation
5. Ausschaltung von Vergeßlichkeit
6. Rationalisierung durch Aufgabenbündelung
7. Abbau und Handhabung von Störungen und Unterbrechungen
8. Abbau von Streß und Nervenverschleiß
9. Gelassenheit bei unvorhergesehenen Ereignissen
10. Selbstdisziplin in der Aufgabenerledigung
11. Planung des bevorstehenden Tages
12. Ordnung des Tagesablaufes
13. Überblick und Klarheit über die Tagesanforderungen
14. Bessere Einstimmung auf den nächsten Arbeitstag
15. Verbesserung der Selbstkontrolle
16. Zeitgewinn durch methodisches Arbeiten („Goldene Stunde")
17. Erfolgserlebnisse am Tagesende
18. Erreichung der Tagesziele
19. Höhere Zufriedenheit und Motivation
20. Steigerung der Leistungsfähigkeit

Das Eisenhower-Prinzip: Was ist wichtig, was ist dringlich?

Eine wichtige Hilfe bei der Zielplanung ist das Eisenhower-Prinzip: die Unterscheidung in **Dringlichkeit** einerseits **und Wichtigkeit** andererseits.

Nicht alles, was dringlich ist, ist auch wichtig! Diese Aussage bringt das sogenannte Eisenhower-Prinzip auf den Punkt. Jeder kennt die Situation, daß derjenige, der am lautesten schreit, sich am häufigsten zu Wort meldet oder am einflußreichsten ist, am ehesten bedient wird – und sei es nur, um ihn zur Ruhe zu bringen. Dies ist eine für die eigene Zielverfolgung gefährliche Sache. Schließlich müssen **Sie** Ihre Angelegenheiten unter Kontrolle halten, und nicht der lauteste Störer.

Wozu das Eisenhower-Prinzip beachten?

- Mit der Klärung von wichtigen und/oder dringenden Dingen (Aufgaben, Entscheidungen, etc.) steigern Sie Ihre Effektivität. Effektiv sein bedeutet, die richtigen Dinge tun.

- Die richtigen Dinge sind immer entweder dringend oder nicht dringend. Sie müssen sie also entweder sofort tun oder planen. Die Anwendung der Priorisierung verhindert, sich mit Unwichtigem zu verzetteln.

- Die Priorisierung hilft, wichtige Dinge nicht zu vergessen.

Wie gehen Sie vor?

Mit Hilfe des Eisenhower-Prinzips entscheiden Sie sofort, ob Sie die Aufgabe sofort, später oder gar nicht bearbeiten. Je nach hoher und niedriger Dringlichkeit und Wichtigkeit einer Aufgabe können Sie sehr einfach den Zeitpunkt der Bearbeitung einer Aufgabe festlegen.

Das Eisenhower-Prinzip sagt Ihnen, was wirklich wichtig ist

Wichtigkeit und Dringlichkeit	nicht dringlich	dringlich
wichtig	planen, möglichst selber machen	sofort selber machen
unwichtig	sofort wegwerfen	delegieren oder nachrangig erledigen

- Aufgaben, die wichtig und dringlich zugleich sind, bringen ihnen bei guter und rechtzeitiger Bearbeitung sehr viele Vorteile. Diese Aufgaben müssen Sie selber und sofort erledigen.

- Aufgaben, die zwar für Sie wichtig, aber nicht dringlich sind, müssen Sie planen und später erledigen.

- Aufgaben, die zwar dringlich, aber für Sie nicht wichtig sind, sollten Sie nach Möglichkeit delegieren, oder, wenn das nicht möglich ist, nachrangig erledigen.

- Von Aufgaben, die weder wichtig noch dringlich sind, dürfen Sie sich nicht die Zeit rauben lassen. Werfen Sie sie in den Papierkorb. Oft erledigen sich solche Dinge von selbst.

Das Arbeitsprotokoll

Viele fühlen sich am Abend, am Wochenende ausgelaugt und müde und haben trotzdem das Gefühl, wenig erreicht und geleistet zu haben. Hier leistet das Arbeitsprotokoll gute Hilfe: Es gibt Ihnen genaue Auskunft darüber, was Sie an welchem Tag wann und wo getan haben.

Wozu ein Arbeitsprotokoll?

- Das Arbeitsprotokoll verschafft Ihnen einen Überblick, wo eigentlich Ihre Zeit geblieben ist.
- Mittels eines Arbeitsprotokolls können Sie feststellen, ob und wo Sie Ihre Prioritäten hatten.
- Sie können überprüfen, ob die Prioritäten mit Ihren eigenen Absichten und Zielen übereingestimmt haben.

Wie gehen Sie vor?

Schreiben Sie an zwei festgelegten Tagen genau auf, was Sie alles machen. Wenn Sie das Arbeitsprotokoll jedes Jahr nur einmal einsetzen, erhalten Sie sehr schnell Klarheit, ob Sie Ihren Prioritäten folgen oder nicht.

Das Arbeitsprotokoll macht transparent, wo Ihre Zeit bleibt.

Datum: _____   Ziele: _____

08.00	5	10	15	20	25	30	35	40	45	50	55
09.00	5	10	15	20	25	30	35	40	45	50	55
10.00	5	10	15	20	25	30	35	40	45	50	55
11.00	5	10	15	20	25	30	35	40	45	50	55
12.00	5	10	15	20	25	30	35	40	45	50	55
13.00	5	10	15	20	25	30	35	40	45	50	55
14.00	5	10	15	20	25	30	35	40	45	50	55
15.00	5	10	15	20	25	30	35	40	45	50	55
16.00	5	10	15	20	25	30	35	40	45	50	55
17.00	5	10	15	20	25	30	35	40	45	50	55
18.00	5	10	15	20	25	30	35	40	45	50	55
19.00	5	10	15	20	25	30	35	40	45	50	55

Notieren Sie:

Besprechungen
Telefonieren
Plaudern und Zeit vergehen lassen
Verwaltungsaufgaben
Unterbrechung (= Störung)

Verkaufen
Telefongespräche
Chef
Beziehungsarbeit
Pause?

Erst A, dann B, dann C

Wollen wir unsere Ziele erreichen, ist es wichtig, Prioritäten zu setzen. Wie häufig verzetteln wir uns und vertrödeln unsere Zeit mit Kleinigkeiten! Am Ende des Tages fragen wir uns, was wir eigentlich gemacht haben.

Priorität bedeutet, daß etwas Vorrang hat. In der Regel setzen wir Prioritäten in drei Stufen: A, B und C. Erledigen wir erst die Aufgaben mit A-Priorität, erreichen wir hier das beste Ergebnis, die größte Leistung, den größten Erfolg.

Machen Sie sich folgendes klar:

- **Mit ca. 15 % Ihres Einsatzes an Zeit erreichen Sie etwa 65 %, d. h. zwei Drittel Ihrer Ergebnisse. Dies sind Ihre A-Aufgaben.**

- **Mit weiteren ca. 20 % Ihres Einsatzes an täglicher Arbeitszeit erreichen Sie gerade noch 20 % Ihrer Leistung.** Beim Bearbeiten einer B-Priorität erhalten Sie gerade das als Output, was Sie an Anstrengung hineinstecken.

- Wenn Sie C-Prioritäten erledigen, erhalten Sie nur einen Bruchteil an Ergebnissen. **Allerdings bringen Sie 65 % Ihrer Zeit damit zu, gerade noch 15 % Ihrer Ergebnisse zu erzielen (C-Aufgaben).**

■ *Nutzen Sie Ihre Zeit optimal für A-, B- und C-Aufgaben. Dann erreichen Sie ein 100%iges Ergebnis. Verbringen Sie aber auf keinen Fall den größten Teil Ihrer Zeit mit C-Aufgaben. Dann kommen Sie nie auf 100 % Leistung!*

Wie setze ich Prioritäten?

Ordnen Sie alle verrichteten Aufgaben Ihres Arbeitsprotokolls nach der Reihenfolge des Wertes, d. h. ihrer **Wichtigkeit** (nicht aber ihrer **Dringlichkeit**):

1 A-Aufgaben vorrangig behandeln!

Die oberen 15 % der Aufgaben sind die A-Aufgaben, d. h. es sind jene Aufgaben, denen Sie täglich auch etwa 15 % Ihrer Zeit geben sollten. Die Aufgaben haben in der Planung der Zeit absoluten Vorrang. Sie erzielen mit diesen eine hohe Effizienz (ca. 65 % Ihrer Leistung).

2 B-Aufgaben auch delegieren!

Die mittleren Aufgaben, die B-Aufgaben, machen 20 % der bearbeiteten Augaben aus. Bei den B-Aufgaben bedenken Sie, welche Sie selber bearbeiten und welche delegiert werden können. Sie dürfen keineswegs aufgrund von B-Aufgaben die A-Aufgaben vernachlässigen. Für die B-Aufgaben sollten Sie ca. 20 % der Arbeitszeit einplanen.

3 C-Aufgaben sind Routine

Die restliche Arbeitszeit (65 %) planen Sie für die Erledigung der täglichen Routineaufgaben ein. Auch diese Zeit müssen Sie vesuchen einzuhalten, denn sie dient der Abwicklung von Detailgeschäften. Je mehr C-Aufgaben Sie aufschieben können, desto besser! Sie erledigen sich unter Umständen von selbst. Denken Sie immer daran: Wichtigkeit geht vor Dringlichkeit.

Prioritäten erkennen mit der ABC-Analyse

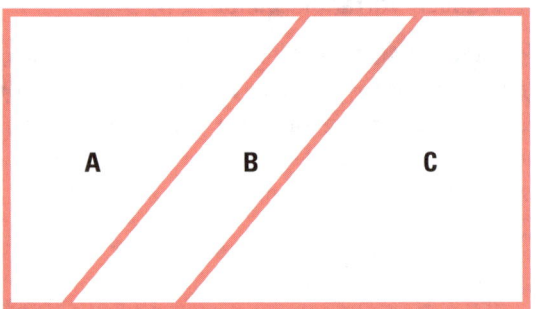

Prioritäten

15 % der Aufgaben sind A-Aufgaben, bewirken 65 % an Ertrag und brauchen ca. 15 % der eigenen Zeit

20 % der Aufgaben sind B-Aufgaben, bewirken 20 % an Ertrag und brauchen ca. 20 % der eigenen Zeit

65 % der Aufgaben sind C-Aufgaben, bewirken 15 % an Ertrag und brauchen ca. 65 % der eigenen Zeit

Die ABC-Analyse zeigt, daß Sie immer einen kleinen Teil des Tages für wichtige Aufgaben reservieren müssen, sonst verzetteln Sie sich im operativen Durcheinander.

Leistungsfresser erkennen und eliminieren

Leistungsfresser sind meistens Personen oder Tätigkeiten, die viel Zeit in Anspruch nehmen, uns unglaublich auf die Nerven gehen und uns am Ende mit wenig Ergebnissen frustriert zurücklassen. Sie können Leistungsfresser jedoch leicht ausschalten, indem Sie einen Selbsttest durchführen.

- Er hilft Ihnen, unangenehme Störfaktoren zu erkennen. Sie lassen es dann nicht mehr zu, daß diese Störer Sie unterbrechen oder Ihre Arbeit blockieren.

- Sie ärgern sich nicht immer wieder über dasselbe Problem.

Wie gehen Sie vor?

Damit Sie die Fresser eliminieren können, müssen Sie zuerst eine Selbstanalyse durchführen. Sie fragen sich dabei offen und ehrlich, für welche Aufgaben oder Personen Sie viel Zeit und Nerven investieren, ohne dabei irgend etwas Produktives herauszuholen.

Der Selbsttest ermittelt Ihre großen Leistungsfresser

		nie	selten	oft	immer
1	Können Sie bei Ihrer Arbeit kürzer telefonieren?	❏	❏	❏	❏
2	Könnten Sie Ihre Führungsarbeit mehr systematisieren?	❏	❏	❏	❏
3	Könnten Sie mit Ihren Mitarbeitern klarere Abmachungen treffen?	❏	❏	❏	❏
4	Könnten Sie Ihre Besprechungen besser vorbereiten?	❏	❏	❏	❏
5	Könnten Sie weniger/andere Transportmittel nutzen?	❏	❏	❏	❏
6	Könnten Sie anderen Personen wichtige Dinge übertragen?	❏	❏	❏	❏
7	Könnten Sie mehr technische Hilfsmittel einsetzen?	❏	❏	❏	❏
8	Könnten Sie Informationsaustausch bündeln?	❏	❏	❏	❏
9	Könnten Sie mehrere Wege in wenige bündeln?	❏	❏	❏	❏
10	Lassen Sie sich von anderen Ihre Leistung fressen?	❏	❏	❏	❏

Wenn Sie sich jetzt die Checkliste ansehen, dann werden Sie feststellen, daß Sie sich bei bestimmten Personen oder Tätigkeiten viel Zeit von anderen oder von sich selbst „fressen" oder „stehlen" lassen. Verhindern Sie dies, indem Sie Ihre Zeit nach Ihren Bedürfnissen und Zielen planen und sich Zeit nicht „wegnehmen" lassen. Lassen Sie die Leistungsfresser aus Ihrem Leben verschwinden, indem Sie sie identifizieren und eliminieren. Das Leben wird sonst noch hektischer! Es ist Ihre einzige Zeit! Sie erhalten Ihre Zeit nicht noch einmal in Ihrem Leben!

Leistungsfresser sind Personen, die Ihre Leistung zerstören

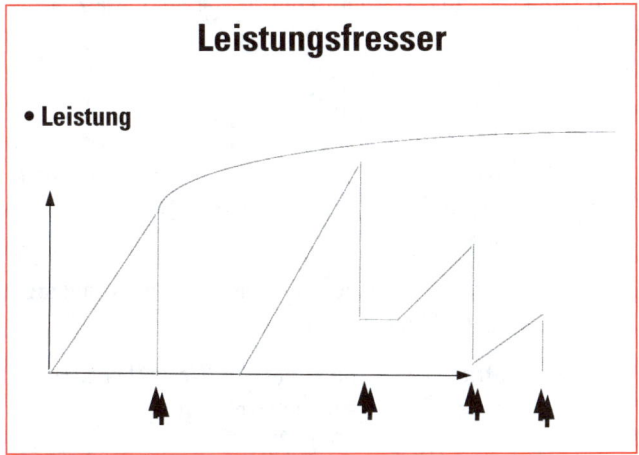

Jede Unterbrechung während der Bearbeitung einer Aufgabe kostet Sie Zeit und Geld. Nachdem die Unterbrechung vorbei ist, müssen Sie sich erneut in die Aufgabe hineindenken. Sie können erst nach dieser Aufwärmphase an dem Punkt weitermachen, an dem Sie vorher unterbrochen wurden.

Planen Sie den Tag mit Alpen!

Eines der wichtigsten Instrumente für effektives Arbeiten ist der Tagesplan. Ein realistischer Tagesplan enthält grundsätzlich nur das, was Sie an diesem Tag erledigen wollen, müssen und vor allem auch können! Je mehr Sie die gesetzten Ziele für erreichbar halten, um so mehr mobilisieren Sie auch Ihre Kräfte und konzentrieren sie darauf, diese Ziele zu erreichen.

Wozu Tagespläne?

- Sie enthalten alle Aktivitäten, die Sie an einem Tag abarbeiten wollen. Sie müssen Sie in der verfügbaren Zeit erledigen können.

- Sie verschaffen Ihnen einen schnellen Überblick und stellen sicher, daß Sie nichts vergessen.

- Sie konzentrieren den Blick auf das Wesentliche. Damit bannen Sie die Gefahr, sich zu verzetteln!

Was bedeutet Tagesplanung nach der Alpen-Methode?

Gerade wenn Sie meinen, in Arbeit zu ersticken, resignieren Sie nicht! Gehen Sie nach der ALPEN-Methode vor.

- Die Alpen-Methode hilft Ihnen, Ihren Tag systematisch zu planen, und zwar in fünf Stufen. Die Methode ist relativ einfach und erfordert nach einiger Übung nicht mehr als durchschnittlich fünf bis zehn Minuten tägliche Planungszeit.

- Sie ist darüber hinaus leicht zu behalten, da ihre Anfangsbuchstaben einen gegenständlichen Begriff wiedergeben.

Die Alpen-Methode hilft der Übersicht:

A	**A**lles aufschreiben
L	**L**änge schätzen
P	**P**ufferzeiten einplanen
E	**E**ntscheiden: Priorität
N	**N**achkontrolle

1 Alles aufschreiben

Sammeln Sie alle Aktivitäten. Dazu gehören Aufgaben, Termine, Tagesarbeiten, Unerledigtes.

2 Länge schätzen

Für alle Tätigkeiten schätzen Sie den Zeitbedarf.

3 Pufferzeiten einplanen

Es gilt die Regel, daß Sie nur 60 % Ihrer Tageszeit fix verplanen und 40 % Ihrer Tageszeit für Unvorhergesehenes reservieren (60:40-Regel). Wenn Ihnen dies zu hoch gegriffen erscheint, arbeiten Sie zunächst eine Zeitlang mit dieser Regel, und prüfen Sie dann, welcher Quotient Ihrer Erfahrung nach für Sie richtig ist.

4 Entscheidung: Priorität

Setzen Sie Prioritäten, kürzen Sie Besprechungen, delegieren Sie Aufgaben und Termine.

5 Nachkontrolle

Am Ende eines Arbeitstages überprüfen Sie Ihren Tagesplan. Alle unerledigten Aufgaben übertragen Sie entweder auf einen der kommenden Tage oder in Ihre Aktivitätenliste (siehe auch das folgende Kapitel „Zeitplanbücher").

Zeitplanbücher

Zeitplanbücher sind weit mehr als einfache Terminkalender. Sie sind ein Führungsinstrument für die Zeit- und Zielplanung.

Ein Zeitplanbuch enthält Termine, Aktivitätenlisten, Prioritäten, Tagespläne, Wochen- und/oder Monatsübersichten, Jahresübersichten und sonstige wichtige Informationen. Zeitplanbücher lassen sich vielfältig nutzen: als Terminkalender, Notizbuch, Planungsinstrument, Erinnerungshilfe, Adreßbuch, Ideenspeicher und Kontrollwerkzeug.

Welche Vorteile bieten Zeitplanbücher?

- Sie geben einen Überblick über anstehende Aufgaben (Aktivitätenliste) und geplante Termine (Tages-, Monats- und Jahresplan).

- Sie dienen als Planungsinstrument, indem Sie anstehenden Aktivitäten Prioritäten zuordnen und die Aufgaben dann in Ihrer Tagesplanung bzw. Monatsplanung berücksichtigen.

- Da Sie Kontakte und Aktivitäten konkret mit Terminen versehen haben, ist es für Sie einfach, am Ende eines Tages, einer Woche oder eines Monats Bilanz zu ziehen. Sie erkennen sehr schnell, welche Aufgaben erledigt sind und welche noch anstehen.

- Das Zeitplanbuch unterstützt Sie bei der Nachkontrolle.

Wie gehen Sie vor?

1 Alle für Sie relevanten Aktivitäten erfassen Sie in einer Aktivitätenliste.

2 Sie ordnen die Aktivitäten. Strukturierungsmerkmale sind Fertigstellungstermin und logische Zusammengehörigkeit von mehreren Aktivitäten.

3 Sie schätzen die Bearbeitungszeit der einzelnen Aktivitäten.

4 Sie setzen Prioritäten.

5 Termine tragen Sie im Tages-, Monats-, Jahresplan ein. Termine im Monats- bzw. Jahresplan haben Erinnerungscharakter.

6 Sie machen die Tagesplanung. Spätestens am Vortag planen Sie Ihren nächsten Tag. Dadurch erhalten Sie Transparenz und Klarheit über die Anforderungen des nächsten Tages. Als Basis dient Ihnen Ihre Aktivitätenliste. Darin sehen Sie, bis wann eine Aufgabe bearbeitet sein muß und wie wichtig eine bestimmte Aufgabe ist.

7 Sie halten sich bewußt ca. 40 % der Zeit pro Tag frei für Unvorhergesehenes.

8 Aktivitäten, Kontakte, die Sie noch nicht konkret terminieren können/wollen, notieren Sie in der Aktivitätenliste ohne Termin.

9 Am Ende eines Tages überprüfen Sie Ihren Tagesplan. Alle nicht erreichten Tagesziele werden bei der nächsten Tagesplanung noch mal berücksichtigt.

10 In einem für Sie geeigneten Rhythmus überprüfen Sie Ihre Aktivitätenliste. Dieser Rhythmus kann z. B. wöchentlich sein. Alle erledigten Aktivitäten erhalten den Status „erledigt", alle Aktivitäten, deren Termin bereits erreicht ist und die noch nicht bearbeitet sind, müssen neu terminiert werden.

Anruferliste

Wer mit seiner Zeit effektiv umgehen will, sollte auch eine Anruferliste führen. In dieser Liste werden alle eingegangenen Anrufe festgehalten und definiert, was zu tun ist. Die Anruferliste bietet eine ganze Reihe von Vorteilen:

- Sie baut die Zettelwirtschaft ab und erfaßt die Anrufe systematisch.

- Sie kanalisiert gleich beim Anruf die wichtigen Informationen.

- Sie kann Ihnen unterwegs nachgefaxt werden. Das erspart lästiges Nachfragen, Nachtelefonieren und spart Kosten.

Wie gehen Sie vor?

Lassen Sie alle eingehenden Anrufe, die jemand anderes für Sie entgegennimmt, auf der Anruferliste eintragen. Natürlich können Sie eine solche Liste auch für einen Kollegen oder einen Vorgesetzten führen. Achten Sie darauf, daß aus der Liste folgende Punkte ersichtlich sind:

- wer wann angerufen hat

- die Telefonnummer, unter der ich die Person zurückrufen kann

- was der Anrufer wollte

- mit welchen Aktivitäten ich auf den Anruf reagiere

Die Anruferliste sammelt alle Telefonnachrichten

Datum/ Uhrzeit	Anrufer	Nummer	Thema	Aufgabe

Aktivitätenliste

In der Aktivitätenliste halten Sie alle Aufgaben fest, die in Ihrer Verantwortung liegen. Sie dient dazu,

- die Zettelwirtschaft abzubauen und alle wöchentlichen Aufgaben im Überblick darzustellen;
- die eigenen Kräfte immer wieder zu konzentrieren, Verzettelung zu verhindern;
- Sie laufend an Kernaufgaben zu erinnern.

Wie gehen Sie vor?

1 Tragen Sie jede Aktivität, für die Sie verantwortlich sind, in Ihre Aktivitätenliste ein.

2 Versehen Sie jede Aktivität mit einem Fertigstellungstermin.

3 Ordnen Sie jeder Aktivität eine Priorität zu.

4 Überprüfen Sie bei Ihrer regelmäßigen Tages-, Wochen- und Monatsplanung Ihre Liste. Fügen Sie neue Aktivitäten hinzu. Erledigte erhalten den Status „o.k.". Aktivitäten, deren Fertigstellungstermin bereits überschritten ist, terminieren Sie neu.

5 Aktivitäten, für die Sie verantwortlich sind, die Sie jedoch nicht unbedingt selbst erledigen müssen, können Sie – falls möglich – an jemand anderen delegieren. Für die Terminüberwachung sind jedoch Sie zuständig.

Die Aktivitätenliste schafft Überblick und Ordnung für Ihre Aufgaben

Datum	Priorität	Aktivität Was?	Bis wann?	Wer?	O.K.?

So bewältigen Sie Streß

Grundsätzlich gilt: Streß ist etwas Selbstgemachtes. Die Erfahrung aus Workshops und Unternehmensberatungen zeigt deutlich, daß viel Streß mit mangelhafter Planung und Disziplin zusammenhängt. Bei schlechter Planung handeln viele nach dem Motto: „Nachdem ich das Ziel aus den Augen verloren habe, muß ich meine Anstrengungen verdoppeln."

Wozu Streßmanagement?

- Wer gut plant, kann Streß besser vorbeugen. Bereiten Sie beispielsweise Gespräche vor, wissen Sie bereits im voraus, wie sie ablaufen werden.

- Die innere Sicherheit hilft über viele Hürden hinweg, die im Arbeitsalltag immer wieder auftauchen.

- Bei mangelhafter Planung investieren Sie viel Zeit in die Beseitigung von Fehlern und Mängeln. Außerdem sind Sie ständig damit beschäftigt, sich über sich selbst zu ärgern. Investieren Sie Ihre Zeit besser!

Wie gehen Sie vor?

Beachten Sie einfach die folgenden Tips, wenn Sie Ihre Arbeit planen. Sie werden sehen: Streß läßt sich vermeiden, wenn Sie es nur wollen!

Eine Liste für effiziente Planungsarbeit

1 Die Zeitplanung wird zumeist auf der Monats-, Wochen-, Tages- und Stundenebene durchgeführt. Wenn wir allerdings bestimmte Lebens- oder Berufsziele verfolgen, können und müssen wir auch versuchen, über Jahre hinaus zu planen.

2 Planen Sie einen überschaubaren Zeitabschnitt. Je weiter in der Zukunft geplant wird, desto unsicherer ist zumeist die Erfüllung dieser Pläne.

3 Planen Sie schriftlich! Nur was tatsächlich aufgeschrieben ist, ist überschaubar. Nur wenige Menschen können alles im Gedächtnis behalten. Außerdem motiviert das Aufgeschriebene, die Dinge auch durchzuführen.

4 Planen Sie am Ende des Tages, der Woche und des Monats jeweils für den folgenden Zeitabschnitt.

5 Wählen Sie keinen zu kurzen Zeitabschnitt für Projekte. Die Planung dient ja der Übersicht, Zeiteinteilung und Arbeitsvorbereitung.

6 Planen Sie auf jeden Fall für jeden Tag, jede Woche und jeden Monat! Die Zeit fließt, und nur wenn wir zusammenhängende, fixierte Strukturen bilden können, erhalten wir einen Überblick. Ein ungeplanter Arbeitstag ist ein verlorener Tag!

7 Bestimmen Sie den Zeitbedarf für jede Arbeit. Nur Planung erlaubt auch Kontrolle!

8 Fassen Sie gleichwertige geistige Arbeiten zusammen. Hatten Sie schon einmal die Gelegenheit, sich von einer Aufgabe auf eine völlig andere einzustellen? Von einem technischen Problem auf ein soziales umzusteigen, braucht eine gewisse Zeit. Um die geistige Adaptionszeit herabzusetzen, sollten Aufgabenpakete mit gleichem Inhalt (oder gleicher Sprache) geschaffen werden.

9 Fassen Sie Arbeiten am gleichen Ort zusammen. Wegzeiten sind meistens Leerzeiten. Anstatt beispielsweise mit jedem Stück Papier zum Kopierer zu gehen, sollte man nur einmal am Tag kopieren. Durch „Wanderschaft" gehen viele Arbeitsstunden verloren.

10 Vermeiden Sie Wartezeiten. Das halbe Leben besteht aus Warten. Wir warten

- darauf, mit dem Kunden/Mitarbeiter zu sprechen;
- auf Unterlagen, die wir zur Weiterarbeit benötigen;
- bis die Telefonleitungen frei sind;
- bis wir zum Chef können;
- bis wir irgendwo (Behörde, Arzt) vorgelassen werden;
- bis der PC gestartet ist oder
- bis das Auto gewaschen ist.

11 Legen Sie die Termine fest. Berücksichtigen sie alle bisherigen Ausführungen. Tragen Sie in Ihrem Zeitplan zuerst die festen Verpflichtungen, anschließend die wichtigen, aber zeitlich nicht gebundenen Tätigkeiten und schließlich die übrigen Aufgaben ein.

12 Überprüfen Sie, ob Sie an alles gedacht haben.

13 Stimmen Sie Ihren Zeitplan mit allen an Ihrem Aufgabengebiet Beteiligten ab.

14 Schaffen Sie Sprechzeiten. Viele Gespräche können dann besser kanalisiert werden.

15 Schaffen Sie sich stille Stunden. Viele „Büromenschen" erledigen ihre beste Arbeit vor dem eigentlichen Dienstanfang oder nach Dienstschluß. Viele Tätigkeiten werden im Laufe des Tages durch andere Menschen oder Sachzwänge (!) unterbrochen. Es kommt zum Sägezahneffekt. Er kostet bis zu 28 % der Arbeitsleistung: Durch Unterbrechungen wird die Leistungsfähigkeit immer wieder für die gerade zu bearbeitende Aufgabe herabgesetzt. Man braucht Zeit, um wieder in die Arbeit hineinzukommen. Es gibt dazu mehrere Lösungswege:

16 Schaffen Sie sich stille Stunden während des Tages, in denen Sie ungestört wichtige A-Arbeiten erledigen können.

17 Schaffen Sie sich solche Zeiten, in denen Sie für andere Zeit haben (Telefon, Anfragen, kurze Besprechungen): Grünes Zeitsignal.

18 Schaffen Sie sich solche Zeiten, in denen Sie nicht erreicht werden können und dürfen: Rotes Signal. Richten Sie auch Ihre Terminplanung auf diese Zeiten aus.

19 Die stillen Stunden müssen Sie auf eine Zeit des Tages legen, in der Sie sowieso schon relativ wenig gestört werden! Meistens ist dies kurz nach der Mittagspause oder am frühen Morgen. Das kann aber individuell verschieden sein.

20 Versuchen Sie die ewigen Störer abzuhängen, indem Sie das Telefon während der störungsfreien Zeit abstellen. Sie können sich auch mit dem Anrufer kurz auf einen Rückruf einigen. Sie können ansonsten evtl. ihr Büro abschließen oder einen anderen Schreibtisch suchen, bis man sich an ihre „neue Mode" gewöhnt hat.

21 Hängen Sie ein Schild an die Tür, wenn Sie nicht gestört werden wollen, z. B. „Bitte nicht vor 10.30 Uhr stören! Danke", „Sprechstunde von 10–11. Danke".

22 Legen Sie Listen an für alles, was Ihre Planung betrifft. Sie behalten so einen Überblick über das zu Erledigende und über die möglichen Störfaktoren darin. Sie können einen TAGESPLAN, eine STÖRLISTE, MONATSLISTE, TELEFONLISTE, PRIORITÄTENLISTE und eine TERMINLISTE anfertigen.

23 Gönnen Sie sich Pausen. Sie dienen der Erholung und geben wieder Kraft.

24 Gönnen Sie sich jeden Tag etwas, das Ihnen Freude macht.

25 Überlegen Sie, wie Sie auch in Ihrer Firma zeitraubende Aktivitäten verringern können.

26 Bündeln Sie Detailaufgaben. Wenn Sie eine kleine Aufgabe erhalten, schreiben Sie sie sofort auf. Gruppieren Sie sie, wie Sie wollen.

- Wenn Sie dann mehrere beieinander haben und in Ihrem Zeitplan einmal ein Loch entsteht, dann erledigen Sie die kleinen und kleinsten Aufgaben in einem Block (C).
- Streichen Sie erledigte Kleinstaufgaben.

27 Denken Sie über die Tätigkeiten nach, die Sie verrichten. Jede Tätigkeit ist gewissermaßen manipuliert. Gerade Gewohnheiten hindern am Nachdenken und kreativen Schaffen.

28 Hängen Sie die Liste auf!

Wie Sie effektiv mit anderen zusammenarbeiten

Bereiten Sie Gespräche vor!

Wie häufig sitzen wir stundenlang in Besprechungen und fragen uns schließlich: Was hat uns diese Marathonsitzung eigentlich gebracht? Wer sich selbst zu managen gelernt hat, kann solchen unproduktiven Gesprächen jedoch gut vorbeugen. Die Tips für die Besprechungsvorbereitung, die wir Ihnen im folgenden geben, eignen sich für jedes Gespräch oder jede Verhandlung, seien sie informeller oder formeller Art. Auch bei der Vorbereitung von Gesprächen arbeiten Sie mit Zielformulierungen.

Warum sind Ziele für Gespräche wichtig?

In jeder Gesprächssituation gibt es Ziele, die Sie auf jeden Fall erreichen müssen: wir nennen sie „Mußziele". Darüber hinaus gibt es aber auch negative Punkte, die es auf jeden Fall zu vermeiden gilt.

Beispielsweise reagieren Sie oder Ihr Gesprächspartner auf bestimmte Zielvorstellungen empfindlich. Daher ist es wichtig, diese zu kennen und zu vermeiden. Die Vorbereitung auf ein Gespräch schließt folglich mit ein, daß wir uns auch mit der eigenen Position und der des Verhandlungspartners ernsthaft auseinandersetzen.

Wozu Gespräche vorbereiten?

Die Gesprächsvorbereitung hat viele Vorteile:

- Durch die Zielformulierung erschließen Sie sich wesentliche Informationen und Meinungen des Gesprächspartners

- Sie konzentrieren sich auf das Wesentliche in einem Gespräch. Dadurch werden Sie weniger Opfer von Zufallsdiskussionen.

- Sie werden nicht mit Argumenten konfrontiert, die Sie überraschen und dann Streß verursachen. Ihr Kopf bleibt frei.

- Sie müssen sich nicht darüber ärgern, daß Sie bestimmte Punkte und Argumente Ihres Verhandlungspartners hätten vorausahnen müssen.

Formulieren Sie Ziele für Ihr Gespräch!

Teilnehmer: _____ Datum/Ort:_____ Sonstiges: _____

1 Was ist mein Hauptziel?
2 Welche Punkte könnten/müssen zur Sprache kommen?
3 Welche Entscheidungen könnten/müssen getroffen werden?
4 Was muß ich erreichen?
5 Was möchte ich erreichen?
6 Was muß ich vermeiden?
7 Was möchte ich vermeiden?
8 Was muß mein Gesprächspartner erreichen?
9 Welche Ziele decken sich?
10 Wo liegen unsere möglichen Zielkonflikte?

Beispiel: Gesprächsvorbereitung

Teilnehmer: Sticker, Taylor
Termin/Ort: 14.1.96/11.30, sein Büro
Sonstiges: eigene Unterlagen am 7.1. abgeben

1 Was ist mein Hauptziel bei der Besprechung?
- letzte Abmachungen überprüfen
- Klärung der Mitarbeiterbeurteilung
- nächste Schritte gemeinsam festlegen

2 Welche Punkte könnten/müssen zur Sprache kommen?
- Der bisherige Weg war gut und die zuletzt getroffenen Abmachungen im Fördergespräch wurden von ihm eingehalten.
- Ich will seine Meinung zu meiner Einschätzung haben.
- Möglichkeiten aufzeigen.
- Will er bleiben? Stimmt sein Zeitplan mit meinem überein?

3 Welche Entscheidungen könnten/müssen getroffen werden?
- Obere Punkte: Termine? Kurse und weitere Aufgaben: besondere Ausbildungsmaßnahmen
- Welche Schwerpunkte sollen gesetzt werden?

4 Was muß ich erreichen (Mußziel)?
- Klarheit und Vertrauen
- Klärung: Steht etwas gegen die Mitarbeiterbeurteilung/Laufbahnentwicklung sowie die verbundenen notwendigen Fördermaßnahmen?

5 Was möchte ich erreichen (Wunschziel)?
- Der Mitarbeiter schlägt den weiteren Weg selber vor und ist bereit, sich hineinzuknien.

6 Was muß ich vermeiden?
- Ausübung von Zwang
- Es darf nicht auf einen Wunsch nach einer Beförderung hinauslaufen.
- Es darf nicht auf Alibimaßnahmen oder etwa einen Anspruch auf bestimmte Maßnahmen hinauslaufen.

7 Was möchte ich vermeiden?
- Eindruck, mein Ziel mit allen Mitteln erreichen zu wollen.

8 Was muß mein Gesprächspartner erreichen?
- Klare Informationen über unsere Einschätzung von ihm selber
- Klarheit über das weitere Vorgehen, das wir mit ihm planen

9 Welche Ziele decken sich?
- Klarheit der Inhalte

10 Wo liegen unsere möglichen Zielkonflikte?

Gekonnt präsentieren und vortragen

Präsentationen und Vorträge laufen nach dem Prinzip der 1-Weg-Kommunikation ab: Sie senden Informationen an Ihre Zuhörer, die jedoch nicht direkt reagieren. Beispielsweise wollen Sie mit Ihrem Vortrag ein Produkt verkaufen und schildern den Anwesenden seine Vorteile. Um so mehr müssen Sie den Zuhörern, die in der „passiven" Rolle bleiben, einiges bieten: eine klare Argumentation, spannende Inhalte und natürlich – gute Unterhaltung! Sie sehen: Es hängt ganz von Ihnen ab, ob die Zuhörer „dran bleiben" oder abschalten. Merken Sie sich: Als Vortragender haben Sie das Steuer in der Hand. Das bedeutet auch, daß Sie der Pilot sind, der Sicherheit vermitteln und Unsicherheit abbauen kann.

Wozu Präsentationen und Vorträge vorbereiten?

- Bei der Vorbereitung einer Präsentation oder eines Vortrags definieren Sie den roten Faden für Ihre Vorstellung. Der rote Faden hilft Ihnen bei der Präsentation im Sinne einer Stütze. Der rote Faden hilft auch den Zuhörern im Sinne von Klarheit und Übersichtlichkeit.

- Durch eine gute Vorbereitung Ihrer Präsentation können Sie ganz gezielt Nervosität abbauen. Nach der Vorbereitung ist absolut klar, was Ihre wesentliche Botschaft sein soll und welche Inhalte Ihre Präsentation vermittelt.

- Während der Vorbereitung stellen Sie Ihre Werkzeugkiste zusammen, die Sie mit in die Präsentation nehmen. Durch klare Ziele, eine gute Gliederung und visuelle Hilfsmittel überzeugen Sie Ihre Zuhörer und wirken als kompetenter Referent.

Wie gehen Sie vor?

1 Nehmen Sie sich die folgende Checkliste vor und überprüfen Sie Ihren Präsentationsstil.

2 Vor einer Präsentation: Nutzen Sie das Instrument zur Vorbereitung.

3 Nach einer Präsentation: Geben Sie sich selber Feedback und lassen Sie sich welches geben.

4 Üben, üben, üben. Bereiten Sie sich sauber vor, konzentrieren Sie sich auf wesentliche Punkte, und nehmen Sie jede Chance wahr, vor anderen zu sprechen und zu präsentieren. Ihre Nervosität wird Ihnen selten jemand ansehen.

Checkliste: Anregungen zum Vortrag

EINLEITUNG

1 Machen Sie Ihren Zuhörern als erstes klar, worum es geht:
- ✓ Nennen Sie das Thema.
- ✓ Geben Sie eine Grobgliederung an.
- ✓ Weisen Sie auf den Sinn oder das (Lern-)Ziel hin.

2 Wecken Sie das Interesse Ihrer Zuhörer:
- ✓ Nehmen Sie Bezug auf aktuelle Ereignisse.
- ✓ Weisen Sie auf Probleme hin.
- ✓ Bringen Sie praktische Beispiele.
- ✓ Kommen Sie aber möglichst bald „zur Sache".
- ✓ Die Einleitung darf nicht zu lang sein.
- ✓ Fördern Sie die Aufmerksamkeit der Zuhörer durch Blickkontakt und lebhafte Sprechweise.

HAUPTTEIL

3 Helfen Sie Ihren Zuhörern, die Gliederung des Stoffes zu erkennen:

- ✓ Nehmen Sie während des Vortrages auf die Grobgliederung Bezug und ergänzen Sie diese durch Unterpunkte.
- ✓ Nutzen Sie die Möglichkeiten zur akustischen Gliederung durch Betonung und Sprechpausen.

4 Helfen Sie Ihren Zuhörern beim Verstehen und Einprägen wichtiger Punkte:

- ✓ Bevorzugen Sie Einfachheit in Wortwahl und Satzbau.
- ✓ Bemühen Sie sich um Prägnanz, um kurze, klare und verständliche Aussagen.
- ✓ Erklären Sie möglichst anschaulich und verwenden Sie Skizzen, Modelle, Statistiken, Tabellen, die übersichtlich und gut lesbar sind. Nutzen Sie möglichst mehrere Möglichkeiten zur Visualisierung.
- ✓ Heben Sie die Schwerpunkte akustisch hervor.

ABSCHLUSS

5 Kommen Sie am Ende zu einem überzeugenden Abschluß:

- ✓ Geben Sie bei längeren Darstellungen eine kurze Zusammenfassung (keine Wiederholung).
- ✓ Vermeiden Sie ein abruptes Abbrechen.
- ✓ Je nach Themenstellung
  - weisen Sie am Schluß auf Konsequenzen oder Nutzen bei der Anwendung hin,
  - richten Sie einen Appell an die Zuhörer oder
  - geben Sie einen Ausblick auf die mögliche Entwicklung in der Zukunft.

Rezepte gegen Lampenfieber

Lampenfieber ist die innere Unsicherheit vor einer Redesituation. Unsicherheit ist immer ein Symptom für etwas Ungeklärtes: Wer ist da? Welche Fragen kommen? Werde ich auseinandergenommen? Mache ich mich ausreichend verständlich? Lampenfieber ist ein Signal für Überforderung.

Gesundes und schädigendes Lampenfieber

Lampenfieber kommt von innen. Schädigendes – disstressendes – Lampenfieber verschlechtert die Redeleistung. Es blockiert und läßt einen vor dem Publikum zittrig, dumm und inkompetent erscheinen. Ungesundes Lampenfieber ist die Hölle und wie eine innere Wand, gegen die ein Redner läuft.

Gesundes Lampenfieber ist der Motor einer guten Leistung. Gesundes – eu-stressiges – Lampenfieber treibt einen an, über sich selber hinaus zu wachsen und die ganze Situation als Herausforderung zu begreifen. Daher ist es wichtig, daß Sie sich die Unsicherheitswand bewußt machen und Strategien entwickeln, damit Sie die Wand als eine zu überspringende Hürde angehen.

Wer sagt, er hätte vor Auftritten oder bestimmten Anlässen kein Lampenfieber, lügt – oder ist ein dermaßen kühler, berechnender und i.d.R. aalglatter Mensch, daß es keinen Spaß macht, sich mit ihm auseinanderzusetzen.

Verlieren Sie nicht den Mut!

- Hemmungen sind kein Zeichen für mangelnde rednerische Begabung, wie Anfänger das oft befürchten. Hemmungen sind ein normales Durchgangsstadium auf dem Weg zum freien und mit Spaß erfüllten Reden!

- Lampenfieber ist eine Streßreaktion. Sie dürfen sie nicht negativ sehen, denn die Reaktion signalisiert Aktivierung. Allerdings gilt es, die Aktivierung nicht in eine Hemmung überschwappen zu lassen.
- Nur ein zu starkes Lampenfieber kann den Übergang vom Unterbewußtsein (Speicher unseres Wissens) zum Bewußtsein (Sprechen) blockieren – aber dagegen kann man etwas tun!

Wozu Lampenfieber abbauen?

- Sie konzentrieren sich bei der Präsentation auf die Aufgabe und sind nicht noch zusätzlich mit sich selber beschäftigt.
- Sie schieben die Vorbereitung nicht ewig vor sich her. Durch die Vorbereitung über längere Zeit werden unangenehme Aspekte als kontrollierbar erlebt.
- Sie brauchen sich hinterher keine Vorwürfe zu machen, eine tiefere Vorbereitung und den Abbau des Lampenfiebers nicht probiert zu haben.

Wie gehen Sie vor?

Auch hier gilt: Die Kenntnis von Techniken und eigener Reaktionen ist die Voraussetzung für Erfolg.

Die beste Technik ist natürlich eine exzellente Vorbereitung. Ein Vortrag ist wie ein Langstreckenflug, welcher sorgfältig geplant, durchgeführt und nachgearbeitet wird.

Beachten Sie den Präsentationsplan

1. Bereiten Sie sich gut vor. Ein richtiges Manuskript ist die erste Voraussetzung für Sicherheit – sogar, wenn man es nur in der Tasche hat. Oft hilft schon eine kurze Gliederung.

2. Entspannen Sie sich. Gut ausschlafen, einen Spaziergang machen, ein Hobby ausüben, nicht bis zuletzt pauken. Vor allem: Vorsicht mit Alkohol.

3. Nicht den Magen überlasten – lieber leichte Nahrung essen.

4. Selbstsuggestion ist erlaubt! Sagen Sie sich: „Ich habe den Hörern etwas Wichtiges mitzuteilen, und ich kann es interessant vortragen."

5. Gehen Sie frühzeitig in den Veranstaltungsraum. Wenn möglich: Sehen Sie sich den Raum in Ruhe und alleine an. Stellen Sie sich z. B. vorne auf das Podium, und sprechen Sie laut in den Raum hinein. Stellen Sie sich dann vor, wie Sie einzelne Personen vor sich ansehen werden.

6. Atmen Sie mehrmals tief durch, überprüfen Sie Ihre Haltung und dann legen Sie los! Entfalten Sie sofort Aktivität am Rednerpult (auf das man oft besser verzichtet). Setzen Sie Gestik ein und nehmen Sie Blickkontakt auf.

7. Sprechen Sie am Anfang betont langsam.

8. Wählen Sie eine natürliche Ausdrucksweise. Eine förmliche oder geschwollene Ausdrucksweise kommt nicht an.

9. Suchen Sie Kontakt und Rückkoppelung bei Ihren Hörern.

10. Bei Plenumspräsentationen: Wählen Sie sich (evtl. vor Redebeginn) eine Person in der ersten oder eine in der letzten Reihe aus und sprechen Sie diese gezielt an. Wählen Sie einen fixen Punkt etwas oberhalb der Personen in der letzten Reihe und sprechen Sie diesen Punkt an. Das hilft bei der Konzentration auf eine Sache.

11. Generell: Suchen Sie immer wieder Gelegenheiten zum Üben: bei kleinen privaten Festen; bei kleinen Aufgaben, die Vorgesetzte stellen.

Sicher auftreten vor einer Gruppe

Reden halten, präsentieren, eine Gruppe leiten: auch das sind Führungskompetenzen. Wie die fachliche Kompetenz müssen auch diese Fähigkeiten trainiert und verbessert werden. Sicher vor einer Gruppe auftreten zu können bedeutet, mittels klarer und kontrollierter Verhaltensweisen die eigene Botschaft an den oder die Adressaten zu bringen.

Warum ist sicheres Auftreten so wichtig?

- Wer das eigene Auftreten überprüft, stellt sicher, daß es „ankommt". Die Überprüfung gilt für den neuen Redner: Er stellt sich mittels einer Checkliste auf die Situation ein und konzentriert sich auf für ihn wichtige Punkte. Das entlastet von der Unsicherheit, was jetzt eigentlich beim Autreten vor einer Gruppe wichtig ist.

- Dem geübten Redner hilft die Überprüfung, eingeschliffene Verhaltensweisen zu korrigieren und sich zu verbessern.

Wie gehen Sie vor?

1 Nutzen Sie die Checkliste

Mit Hilfe der vorliegenden Checkliste bereiten Sie Ihr Auftreten vor: Sie nehmen sich ganz bestimmte Punkte vor, auf die Sie während ihres Redens achten. Sehen Sie sich die Liste vorher immer wieder an.

- **Wenn Sie ungeübt sind:** Nehmen Sie sich nicht mehr als eine Verhaltensweise pro Kategorie vor. Sie verzetteln sich sonst und überlasten sich. Schreiben Sie sich evtl. in Großbuchstaben auf Ihr Manuskriptblatt auf jede Seite eine Verhaltensweise.

- **Wenn Sie geübt sind:** Sie konzentrieren sich nur auf wenige Verhaltensweisen, von denen Sie wissen, daß Sie sie ändern wollen. Sie legen sich die Liste neben Ihr Manuskript und arbeiten sich schrittweise von oben nach unten durch.

2 Nach dem Auftreten

Sie gehen die Liste für sich selber nochmals durch und überprüfen, wo Sie Schwachpunkte haben. Die sind dann der Input für das nächste Mal. Sie können auch eine Vertrauensperson bitten, Ihnen mittels dieser Checkliste Rückmeldung zu geben.

3 Im Alltag

Nehmen Sie sich immer wieder Punkte aus der Liste vor, an denen Sie arbeiten wollen. Der Alltag bietet immer wieder kleine Übungsgelegenheiten, die nicht so stressig sind. Es sind die kleinen Übungen, die den Meister machen!

Checkliste: Konzentration auf wenige Verhaltensweisen entstreßt

Verhaltensweisen   Ja

1 Körperhaltung und Körperbewegungen
- Blickkontakt suchen ☐
- Gerade und unverknotete Körperhaltung zeigen ☐
- Hände dem Gesprächspartner zeigen ☐
- Muskelanspannungen durch kurze körperliche Belastung „abarbeiten" ☐
  - Wenn Sie stehen müssen: auf beiden Füßen stehen ☐
  - Sich ruhig bewegen und nicht „tanzen" ☐

2 Stimme und Sprechweise
- Der Situation angemessene Lautstärke wählen ☐
- Sprechtempo finden, das mitdenken läßt ☐
- Pausen zum Nachdenken geben ☐
- Klare Aussprache immer wieder üben ☐
- Wenig Fachausdrücke und Fremdwörter verwenden ☐

3 Verhalten zum Gesprächspartner
- Sich in den anderen hineinfühlen ☐
- Den anderen als Kommunikationspartner akzeptieren ☐
- Versuchen, ihn zu verstehen ☐
- Konsens suchen ☐

- Ausreden lassen _____ ☐
- Aktiv zuhören _____ ☐
- Sie/ihn mit Namen ansprechen _____ ☐
- Tolerant und freundlich reagieren _____ ☐
- Klangfarbe und Wortwahl anpassen_____ ☐

4 Inhalt der eigenen Aussage verbessern
- Innere Vorbereitung: wissen, was ich will ____ ☐
- Die Aussagen klar gliedern und strukturieren __ ☐
- Konzentriert und von äußeren Umständen ungestört vorgehen _____ ☐
- Den roten Faden behalten _____ ☐
- Nach Themenabschluß: zusammenfassen ____ ☐

Nutzen Sie visuelle Medien!

Gerade für die Arbeit mit Gruppen sind visuelle Medien sehr hilfreich: zum einen für die Zuhörer, zum anderen für Sie selbst:

- Visuelle Medien zwingen Sie selber, Inhalte zu vereinfachen und klarer darzustellen. Diese Klarheit hilft Ihrer Zuhörerschaft. Wenn viel an visueller Information kommt, kann auch viel haften bleiben – und umgekehrt!

- Eine Präsentation ohne Visualisierung wird zu 80 % vergessen. Das Gedächtnis nimmt am besten über den visuellen Kanal auf.

- Visuelle Medien vereinfachen und entlasten das Gedächtnis. Ein Beispiel: Wenn Sie sieben Zahlen mit vier Stellen präsentieren und diese miteinander vergleichen, ist das Kurzzeitgedächtnis vieler überlastet. Visuelle Hilfen vereinfachen die Denkleistungen.

Was leisten visuelle Medien?

Sie unterstützen das gesprochene Wort, indem sie:

- einen bestimmten Punkt verdeutlichen
- Zeit sparen, weil sie das Wesentliche auf den Punkt bringen
- Interesse wecken
- dafür sorgen, daß sich die Zuhörer Wichtiges besser einprägen
- Ergebnisse sichern.

Welches visuelle Medium wähle ich?

Die folgende Liste hilft Ihnen, sich für das richtige Medium zu entscheiden.

	+ Vorteile	**− Nachteile**
1. Flip-Chart	Vorbereitung/Wiederverwendung möglich. Mehrere fertige Charts können nebeneinander aufgehängt werden. Der Ständer ist leicht. Kleine Notizen auf dem Chart ersparen das Manuskript. Modern: Heute gibt es Geräte, die ein Fotoprotokoll machen.	Korrekturen sind schwierig. Die Fläche des einzelnen Blattes ist begrenzt. Die Archivierung der Rollen ist umständlich. Verletzungsgefahr: Die Papierkanten sind scharf.
2. Overhead-Projektor	Folien sind kopierfähig. Von gedruckten Vorlagen kann man Folien herstellen. Beim Vortrag können Teile des Textes abgedeckt werden. Mehrere Folien können „aufbauend" übereinander gelegt werden.	Abhängigkeit vom Stromnetz. Projektionsfläche erforderlich. Projektionsabstand und Raumhelligkeit müssen beachtet werden.

Nutzen Sie visuelle Medien!

	+ Vorteile	**− Nachteile**
	Auf wasserfeste Zeichnungen können abwischbare Notizen mit wasserlöslichem Stift gemacht werden. Der Vortragende behält den Blickkontakt zur Gruppe.	
3. Stecktafel	Alle Teilnehmer können aktiv mitwirken. Das gesammelte Material kann leicht geordnet und strukturiert werden. Ergänzungen und Korrekturen sind leicht möglich. Mit mehreren Tafeln können ganze Informationsstände aufgebaut werden. Notizen auf der Rückseite der Karten können das Manuskript ersetzen. Karten in verschiedenen Farben und Formen bieten viele Darstellungsmöglichkeiten.	Zwang zum Telegrammstil, da die Karten wenig Platz bieten. Das kann auch ein Vorteil sein! Die Vorbereitung erfordert mehr Zeit als bei anderen Medien.
4. Wandtafel	Preiswert, Korrektur leicht möglich, jedem aus der Schulzeit vertraut. Auch geeignet zum Anhängen von Papierbögen. Gut für schrittweise Entwicklung, bei der Teile gelöscht werden müssen.	Kreide an Händen und Kleidung. Was abgelöscht ist, ist „weg". Verleitet zum flüchtigen Schreiben. Bei einigen weckt die Tafel unangenehme Erinnerungen an die Schule. Der Schreiber wendet der Gruppe den Rücken zu.

Welche Voraussetzungen gibt es für den Einsatz der Medien?

Bevor Sie visuelle Medien einsetzen, sollten Sie bestimmte Einflußfaktoren überprüfen, unter denen Ihre Besprechung oder Präsentation stattfindet. Die Ziele, Methoden oder Kosten für die Hilfsmittel müssen stimmen, sonst lohnt sich Ihr Einsatz nicht.

Ziele	Welchen Punkt will ich deutlich machen?
Methoden	Welche Hilfe wird mir die Verdeutlichung (Veranschaulichung) dieses Punktes bieten? Visuelle oder akustische, mechanische oder manuelle Methoden?
Kosten	Welche Ausgaben gibt es?
Zeit	Wieviel Vorbereitung brauche ich, und wie ist das Kosten-/Nutzenverhältnis?
Situation	Wo und wie wird die räumliche Situation sein, und werden die geplanten Hilfsmittel dort zur Geltung kommen?
Publikum	Welche Voraussagen kann ich über das Wissen und die Aufnahmefähigkeit des Publikums machen?

Wie gehen Sie vor?

1 Übung macht den Meister! Experimentieren Sie soweit wie möglich mit den verschiedensten Methoden.

2 Stellen Sie es sich zur Aufgabe, bei schwierigen Besprechungen immer eine andere Methode gut vorbereitet einzubringen.

Erfolgreich visualisieren

Ziele:

- Überblick vermitteln
- Zusammenhänge darstellen
- Veranschaulichen, „optische Rhetorik" = 2. Kommunikationskanal
- Denkanstöße geben
- Lernen erleichtern
- Einprägen erleichtern
- Infos abrufbereit speichern
- Ablaufdarstellung bei Gruppenarbeiten
- Dokumentation von Ergebnissen

Visuelle Medien:

- Wandtafel
- Flip-Chart
- Tageslichtprojektor
- Sticktafel, Hafttafel
- Diapositive
- Filme, Videoaufzeichnungen
- Modelle
- Ausgabenmaterial (Kopien) für Teilnehmer

Methoden zur Darstellung von Zahlen, Mengen und Größenordnungen:

- Tabellen
- Matrix
- Skalen
- Koordinaten, Kurven, Diagramme (Stab, Fläche, Kreis)

zur Darstellung von Gliederungen und Beziehungen:

- „Baum"-Verzweigungen
- Organigramme
- Matrix

zur Darstellung von Abläufen und Prozessen:

- Flow-Chart (Flußdiagramm)
- Netzpläne
- Skizzen

zur Strukturierung komplexer Problemfelder:

- Metaplantechnik (Arbeit an Stecktafeln mit Packpapier und farbigen Kärtchen)
- Einsatz aller grafischen Elemente und Nutzung aller Kompositionsmöglichkeiten

Grafische Elemente:	**Komposition:**
• Schrift • Farben • Linien • Flächen/Formen • Symbole	• Flächenteilung • Freiflächen • Reihung • Rhythmus • Betonung • Dynamik
Regeln: Lesbarkeit durch	**Überschaubarkeit durch**
• Art und Größe der Schrift • Strichstärke, Farbkontraste	• begrenzte Informationsmenge • Strukturierung, Gliederung • Wichtiges hervorheben
Verständlichkeit durch	**Ausbaufähigkeit durch**
• gute Beschriftung • klare, präzise Begriffe • schrittweisen Aufbau • anschauliche Darstellung	• ausreichende Freiflächen

Wichtig ist auch, daß Sie beim Einsatz visueller Hilfsmittel folgende Punkte beachten:

Checkliste: Prinzipien bei der Verwendung visueller Hilfsmittel

Verhalten	**Ja**
1 Komplizieren Sie als Präsentierender die Dinge nicht.	☐
2 Verwenden Sie klar verständliche Wörter und Symbole.	☐
3 Verwenden Sie Farben sparsam und sinnvoll.	☐
4 Achten Sie auf die Wirkung von Lichtverhältnissen und die Entfernung von Bild und Betrachter. Falls Schrift zum Einsatz kommt: Lesbarkeit (Schriftgröße!) prüfen.	☐
5 Verwenden Sie einfache Mittel, wenn diese den Zweck erfüllen.	☐
6 Vermeiden Sie zu lange Präsentationszeiten.	☐
7 Sorgen Sie für angepaßte und verläßliche Präsentationsgeräte (Ersatzbirnen!).	☐
8 Beim Einsatz von einem OH-Projektor: immer wieder abschalten (Laufgeräusch stört, Helligkeit ermüdet).	☐

Wie steht es mit akustischen Hilfsmitteln?

Wenn Sie akustische Hilfsmittel verwenden, müssen Sie überlange Präsentationen auf jeden Fall vermeiden. Alles was mit Hilfe eines Tondbandes mitgeteilt wird, wird am besten aufgenommen, wenn es kurz und bündig ist. Der Hörer verliert in der Regel relativ schnell das Interesse, je nach Stoff schon nach 10 Minuten. Nicht vergessen werden sollte in diesem Zusammenhang, daß Menschen unterschiedliche Hörfähigkeiten haben. Hörschwierigkeiten sind gar nicht so selten. Deshalb muß sichergestellt werden, daß alle den Text hören können. Verwenden Sie nur die am besten geeigneten Hilfsmittel, damit Sie eine möglichst große Wirkung erzielen können.

Ein weiterer Aspekt, wie die besten Ergebnisse mit visuellen und akustischen Hilfsmitteln erzielt werden, ist zu wissen, wo, wann und wie sie zu verwenden sind: Bringen Sie sie mit den anderen Teilen Ihrer Präsentation in Einklang. Selbst eine optimal vorbereitete Hilfe wird versagen, wenn sie zur falschen Zeit verwendet wird.

Medien sind nur als Unterstützung von ganz bestimmten Punkten anzuwenden. Sie sind kein dramaturgisches Spielzeug, aber sie können ein dramaturgisches Mittel sein.

Wie Sie Ihre kommunikativen Fähigkeiten ausloten

Worum geht es?

Sie haben in den letzten Kapiteln praktische Hinweise dazu erhalten, wie Sie Ihre Ziele finden und verwirklichen, Ihre Zeit richtig managen und effektiv mit anderen zusammenarbeiten. Zum Abschluß unserer Anleitung zum Selbstmanagement wollen wir nochmals unseren Ausgangspunkt ansteuern.

„Wo stehen Sie?"

Diese Frage wurde zu Beginn gestellt: Ihre Lust- und Frustbilanz, Ihre Leistungsbilanz, die Stärken- und Schwächenanalyse und eine Kompetenzbeurteilung haben Ihnen die Möglichkeit gegeben, Ihren Standort zu bestimmen.

Nun soll es um eine Standortbestimmung gehen, die von viel grundlegenderer Art ist: Wir wollen Sie dazu anleiten, Ihre kommunikativen Fähigkeiten selbst auszuloten, und Ihnen anschließend einen Weg aufzeigen, wie Sie Schwierigkeiten in der Kommunikation analysieren und beheben.

Kommunikative Kompetenzen als Schlüssel zum Erfolg

Die Fähigkeit, sich anderen verständlich zu machen und den anderen zu verstehen – und wir wollen „Kommunikation" als **jede Art der Verständigung** begreifen – kann als Schlüsselkompetenz für alle Bereiche gesehen werden.

Erfolgreich kommunizieren bedeutet nicht nur,

- sprachlich sicher aufzutreten,
- erfolgreich zu verhandeln oder
- andere gekonnt zu überzeugen.

Kommunikative Kompetenz bedeutet vor allem, Wege zu finden, **den anderen zu verstehen und sich selbst verständlich zu machen**, und umfaßt damit z.B. Fähigkeiten wie:

- Gespräche effektiv führen und seine/n Gesprächspartner/in richtig einschätzen,
- offen an der innerbetrieblichen Kommunikation beteiligt sein,
- in der Interaktion mit anderen seine eigenen Ziele verfolgen,
- die Position des anderen begreifen und eine gemeinsame Basis schaffen,
- die impliziten Nachrichten entschlüsseln und auch nonverbale Signale richtig deuten,
- und vieles andere mehr.

Wie Sie Ihre Weiterentwicklung auf dem Gebiet der Kommunikation beginnen können

Wir wollen Ihnen Möglichkeiten aufzeigen, Ihre Fertigkeiten einzuschätzen und Probleme zu bearbeiten, damit Sie die ganze Bandbreite Ihrer kommunikativen Kompetenzen wirkungsvoll ausschöpfen können.

1 Bevor Sie sich mit der Praxis konkreter kommunikativer Weiterentwicklung auseinandersetzen, sollten Sie sich vorab ein Bild Ihrer kommunikativen Fähigkeiten machen. Mit dem hier vorgestellten **Test** können Sie sich selbst kritisch einschätzen oder von anderen einschätzen lassen.

2 Danach sollten Sie sich insbesondere den problematischen Aspekten widmen, die Ihnen bei der Verständigung mit anderen begegnen. „Selbstmanagement" schließt daher ab mit einem Kapitel, das einen Ansatz zur **Analyse und Behebung von Schwierigkeiten in der Kommunikation** vorschlägt.

Was brauchen Sie für Ihre Weiterentwicklung?

Folgende Punkte sollten Sie beachten:

- Die hier aufgezeigten Wege sind als ein **Einstieg** gedacht, der es Ihnen ermöglichen soll, Ihre Stärken und Schwächen auf diesem Gebiet auszuloten und entsprechende Aktivitäten zur Verbesserung einzuleiten.

- Da Kommunikation jede Art von Verständigung betrifft, ist kommunikative Weiterentwicklung ein sehr umfassender Komplex. Der Test setzt daher den **Schwerpunkt** auf die

Bereiche **Moderation und innerbetriebliche Kommunikation**. Er vermittelt Ihnen jedoch einen guten Überblick, wo Ihre Stärken und Schwächen liegen und an welchen generellen Punkten Sie ansetzen können.

- Neben der hier vorgestellten Möglichkeit, Schwierigkeiten in der Kommunikation zu überwinden, finden Sie **weitere konkrete Lösungsvorschläge und Instrumentarien** für erfolgreiche berufliche Kommunikation insbesondere im Band „Rhetorik" und im Band „Besprechungen" dieser Reihe.

- Wir empfehlen Ihnen daher unbedingt, falls nicht schon geschehen, einen Blick auf die entsprechenden Kapitel der Taschenguides **„Rhetorik"** und **„Besprechungen"** zu werfen.

- Der Taschenguide „Besprechungen" bietet Ihnen auch grundlegende Erläuterungen zur Frage: **„Wie funktioniert Kommunikation?"** an.

Testen Sie Ihre kommunikativen Fähigkeiten!

Bevor Sie sich mit der Praxis und den Instrumentarien für eine erfolgreiche Verständigung beschäftigen, sollten Sie Ihre kommunikativen Fähigkeiten kennenlernen. Nur wer sich selbst realistisch einschätzt, kann seine Stärken ausbauen und an Schwächen gezielt arbeiten.

Wozu ein Test?

Der folgende Test leitet die ersten wichtigen Schritte auf Ihrem Weg zu einer effektiven innerbetrieblichen Kommunikation ein.

- Sie nehmen eine kritische Bewertung Ihrer kommunikativen Fähigkeiten vor. Das macht Sie sicher in Ihrer Selbsteinschätzung: Sie erkennen, ob und wo es notwendig ist, sich zu verändern.

- Sie können dann beginnen, gezielt an Ihren Schwächen zu arbeiten. Greifen Sie auch auf die Instrumentarien zurück, die in den Taschenguides „Rhetorik" und „Besprechungen" vorgestellt werden.

- Der Test zeigt, ob Fremd- und Selbsteinschätzung übereinstimmen: Geben Sie ihn vertrauenwürdigen Gesprächspartnern und bitten Sie diese, Ihr Verhalten zu bewerten. Diskutieren Sie das Ergebnis!

- Der Test eignet sich auch als Fremdeinschätzung für Mitarbeiter. Vielleicht wünschen sie sich von Ihnen eine Rückmeldung über ihr Verhalten!

Wie gehen Sie vor?

Antworten Sie auf die Fragen so spontan wie möglich. Die Auswertung finden Sie am Testende. Sie antworten lediglich mit „Ja" und lassen die Anwort einfach aus, wo sie „Nein" lautet.

Checkliste _____ Ja

1 Erlauben Sie sich, mit Ihren Gesprächspartnern offen und ehrlich zu kommunizieren? _____ ❏

2 Führen Sie Besprechungen immer mit einem festen Ziel durch? _____ ❏

3 Machen Sie sich vor einem Gespräch kurz Gedanken über die Kommunikationsbereitschaft Ihres Gesprächspartners? _____ ❏

4 Wählen Sie in einer Besprechung einen dem Partner angepaßten Wortschatz? _____ ❏

5 Zeigen Sie dem Gesprächspartner offen Ihre emotionalen Reaktionen, auch wenn sich daraus Nachteile ergeben könnten? _____ ❏

6 Reservieren Sie bei Besprechungen genügend Zeit, und halten Sie die geplanten Zeiten ein? _____ ❏

7 Vermeiden Sie Formulierungen, wie „Ja, aber ..."; „Man sollte ..."; „Man könnte ..."; „Ja, ich habe geglaubt, daß ..."? _____ ❏

8 Führen Sie regelmäßig Besprechungen durch, und zwar nicht nur, um über Wichtiges zu informieren, sondern auch, um über Probleme und Lösungsmöglichkeiten zu sprechen? _____ ❏

Testen Sie Ihre kommunikativen Fähigkeiten!

9 Fördern Sie aktiv Fragen und Antworten? _____ ☐

10 Führen Sie regelmäßig Besprechungen durch, bei denen die erzielten Ergebnisse in einer Checkliste festgehalten und später kontrolliert werden? _____ ☐

11 Führen Sie regelmäßig Mitarbeiterbesprechungen durch, bei denen der tatsächlich erreichte Fortschritt mit den ursprünglich geplanten Zielen verglichen wird? _____ ☐

12 Sind Sie für Ihre Mitarbeiter ansprechbar und ermuntern Sie diese, auf Sie zuzukommen? ___ ☐

13 Halten Sie regelmäßig Besprechungen außerhalb der Firma ab, z. B. in einem Restaurant oder in einem Hotel? Schaffen Sie dadurch eine entspannte Atmosphäre und die Bereitschaft zur offenen Diskussion problematischer Themen? _____ ☐

14 Führen Sie mindestens halbjährlich Mitarbeitergespräche auf einer formalen Grundlage durch, und machen Sie dabei Positives wie auch Negatives deutlich? _____ ☐

15 Wenn es die Selbständigkeit der Mitarbeiter gestattet: Diskutieren Sie Ihre eigenen Probleme und Anliegen mit diesen, und hören Sie sich Ideen und Kommentare an? _____ ☐

16 Ermutigen Sie Ihre Mitarbeiter, situativ angebracht, Hilfe bei anderen Gruppen und Experten zu suchen, und fordern Sie sie auf, sich anderen zur Verfügung zu stellen? ❑

17 Bei wichtigen Veränderungen oder Schritten innerhalb Ihrer Firma: Rufen Sie alle Mitarbeiter zusammen, um ihnen die Gründe und möglichen Auswirkungen zu erklären? ❑

18 Informieren Sie die Mitarbeiter so früh wie möglich über wichtige Sachverhalte? ❑

19 Achten Sie bei Besprechungen auf die äußere Umgebung und darauf, daß keinerlei Störungen und Unterbrechungen eintreten? ❑

20 Wenn Sie einen Vorgesetzten haben: Informieren Sie Kollegen über mögliche Auswirkungen für sie selbst, nachdem Ihr eigener Chef Sie über Veränderungen in Ihrem Bereich informiert hat? ❑

21 Halten Sie Mitarbeiter auf dem laufenden, wenn Entscheidungen anstehen, die möglicherweise ihren Bereich beeinflussen könnten? ❑

22 Führen Sie gelegentlich Brainstormingsitzungen durch, die Mitarbeiter zum Einbringen neuer Ideen ermutigen sollen? ❑

Testen Sie Ihre kommunikativen Fähigkeiten!

23 Kommunizieren Sie mit Ihren Mitarbeitern soviel wie möglich direkt mündlich – mehr als schriftlich? ☐

24 Verwenden Sie Begriffe wie „Vertraulich" sowenig wie möglich, und ermutigen Sie Ihre Mitarbeiter, dies genauso zu handhaben? ☐

25 Wenn Sie davon hören, daß sich die Mitarbeiter über ein Gerücht sorgen, von dem Sie wissen, daß es jeder Grundlage entbehrt: Informieren Sie Ihre Mitarbeiter offen? ☐

26 Wenn einer Ihrer Mitarbeiter etwas außergewöhnlich Gutes leistet: Gratulieren Sie ihm so schnell als möglich? ☐

27 Werden Sie auf dem Flur oder unterwegs von Mitarbeitern angesprochen, wo sich für Sie lohnende Gespräche entwickeln? ☐

28 Ermutigen Sie Ihre Mitarbeiter bei einem Qualifikationsgespräch, sich frei über Ihre eigene Führungsleistung zu äußern (evtl. sogar mit einem standardisierten Verfahren)? ☐

29 Hören Sie geduldig zu? ☐

Auswertung

Jede Antwort mit „Ja" ist ein Punkt.

25–29 Punkte: Gratuliere, Sie sind der perfekte Besprechungsleiter. Sie kommunizieren effizient mit allen Mitarbeitern in Ihrem Unternehmen. Daraus wird auch deutlich, daß Sie Vertrauen schenken und empfangen.

15–24 Punkte: Sie kommunizieren zumeist effizient, haben aber noch einige Schwächen. Nehmen Sie sich heute diejenige Schwachstelle vor, die am leichtesten zu beheben ist, und arbeiten Sie an ihr.

6–14 Punkte: Sie werden noch intensiv an sich arbeiten müssen, bevor Sie effizient kommunizieren. Wahrscheinlich resultiert Ihr Verhalten aus einer eher vorsichtigen, unsicheren Einstellung. Diese Einstellung bereitet Ihnen schon genug Probleme. Geben Sie den anderen und sich selbst eine Chance: Es ist Ihre Pflicht, Informationen, über die Sie verfügen, an andere weiterzugeben, und nicht die Pflicht der anderen, diese bei Ihnen zu holen. Entspannen Sie sich, und sprechen Sie mit Ihren Mitarbeitern!

5 oder weniger Punkte: Ihre niedrigen Werte zeigen, daß Sie viel lieber alleine in Ihrem Kämmerchen arbeiten, als Mitarbeiter motivieren und führen. Wann und wie werden Sie Ihre Einsiedelei beenden?

So analysieren und beheben Sie Schwierigkeiten in der Kommunikation

Kommt es vor, daß Sie sich unzufrieden fühlen, weil Sie zu wenig Informationen erhalten? Hegen Sie den Verdacht, daß wichtige Informationen in bestimmten Kanälen versickern? Passiert es, daß Sie aus einer Besprechung kommen, die mehr Unklarheit als Klarheit hinterlassen hat? Oder haben Sie manchmal das Gefühl, es geht mit einem Projekt nicht so recht vorwärts, weil bestimmte Inhalte nie angesprochen worden sind?

Kurzum: Stellen Sie manchmal fest, daß ein Mangel an Kommunikation herrscht, ohne aber recht zu wissen, woran das liegt? Wenn dies der Fall sein sollte, dann sollten Sie sich aktiv an die Analyse der Ursachen und die Behebung der Probleme Ihrer innerbetrieblichen Kommunikation machen.

Wie können Sie einen Mangel an Kommunikation beheben?

Im folgenden finden Sie einen Weg, solche und andere Kommunikationsschwierigkeiten in den Griff zu bekommen. Wir geben Ihnen einen roten Faden, d.h. die Schritte vor, die Sie benötigen: von der Definition und Bewertung bis zur Lösungssuche, der Bündelung der Lösungen und dem Handlungsplan über die Durchführung bis zur Kontrolle.

Diesen „roten Faden" können Sie dann im einzelnen mit den Instrumenten des Selbstmanagements auffüllen, indem Sie etwa die entsprechenden Möglichkeiten der Zielfindung ausschöpfen, eine Aktivitätenliste erstellen, Prioritäten setzen, die Problemlösung in einen zeitlichen Rahmen stellen, etc.

1 Definition des Problems

Klären Sie folgende Fragen:

- Was genau heißt „Kommunikationsmangel" für mich?
- Was könnten mögliche Ursachen dieses Mangels sein?
- Wie wirken sich diese Mängel konkret aus und wo verspüre ich sie? Wie und wann äußern sich diese am meisten?
- Was lösen diese Mängel für Gefühle in mir aus?
- Liegt der Schwerpunkt der Mängel im Bereich der „Information", des „Kontaktes" oder der „Zusammenarbeit"?
- Bei welcher Stelle/Person genau ist der Mangel festzustellen?

Kommunikationsschwierigkeiten analysieren/beheben

Bearbeiten Sie zur Klärung der letzten beiden Fragen die folgende Liste. Der Mangel wird in Prozent ausgedrückt. Das bedeutet, wenn Sie eine hohe Zahl ankreuzen, daß Sie dort für sich einen großen Mangel wahrnehmen.

Kommunikationsaspekte	0 %	100 %
Zielsetzung		
Inhalt		
Umfang		
erforderliche Verdichtung		
Hervorhebung wichtiger Daten		
Klarheit		
Aktualität		
Verständlichkeit		
Informationsquelle		
Sender		
Übermittler		
Kommunikationskanal		
Empfänger		
Rückkopplung		
Organisationsanweisung		
Verteiler		
Ablage/Zugriff		

Konnten Sie konkrete Kommunikationsmängel feststellen? Wenn ja, empfehlen wir Ihnen, die folgende Punkte 2 bis 7 durchzuarbeiten.

2 Lösungssuche

Ordnen Sie nur den Kommunikationsmängeln, die Sie wirklich kontrollieren können, Prioritäten zu. Die für Sie momentan unkontrollierbaren lassen Sie außer Acht.

- Sie könnten mittels Brainstorming einfach einmal eine Liste von Möglichkeiten zu den einzelnen Mängeln auflisten.

- Sie könnten sich gezielt für einzelne Mängel von vertrauensvollen Kollegen Rat holen.

- Sie könnten gezielt in Ihr Team die Frage einbringen: „Ich stellte fest, daß wir bei xy Mühe haben. Ich hätte einzelne Vorschläge zur Lösung und möchte, daß wir miteinander Möglichkeiten suchen. Welche Vorschläge haben Sie?"

- In welcher Reihenfolge können und wollen Sie sie in den Griff bekommen? Geben Sie dabei jenen Mängeln, die mit Sicherheit kontrollierbar sind, die höchste Priorität. Versuchen Sie zuerst, einfache Mittel zur Lösung anzuwenden.

- Welche alternativen Lösungsmöglichkeiten stehen zur Behebung dieser Mängel zur Verfügung?

3 Bewertung

- Die Lösungsmöglichkeiten werden bezüglich ihrer Umsetzbarkeit bewertet. Diejenigen, die schnell und ohne großen Aufwand umgesetzt werden, erhalten ein o.k.

- Die mit Aufwand und eventuell nur unter Einbezug anderer Personen und Gremien umsetzbaren erhalten eine zweite Priorität. Diejenigen, die sich schlecht und nur mit hohem Aufwand umsetzen lassen, werden gestrichen.

Kommunikationsschwierigkeiten analysieren/beheben

- Dann erfolgt die Entscheidung für den geeignetsten Lösungsweg: Welcher Kommunikationsmangel soll wie und zu welchem Zeitpunkt behoben werden? Welcher wird zuerst angegangen?

4 Bündelung der Lösungen

- Suchen Sie den zeitlichen Ablauf bei der Umsetzung zu ordnen. Ist evtl. eine Bündelung der Lösungen möglich, d.h. können bestimmte Lösungsmöglichkeiten sofort konkret zusammengefaßt werden?

- Können evtl. mehrere Probleme durch einen Lösungsansatz oder Lösungsweg behoben werden?

5 Handlungsplan erstellen

Wenn sich bestimmte Lösungsmöglichkeiten anbieten, dann halten Sie diese schriftlich fest. Welche konkreten Änderungen können bis wann und durch wen durchgeführt werden? Wer ist über diese Änderungen zu informieren?

6 Durchführung der Lösungen

Die geplanten Maßnahmen werden in die Praxis umgesetzt. Welchem dieser Mängel wollen Sie bei der nächsten Besprechung Ihre höchste Aufmerksamkeit schenken?

7 Kontrolle der durchgeführten Lösungen

Eine Kontrolle darüber, ob die Lösungen die jeweils „angepeilten" Kommunikationsmängel eliminieren konnten, wird beispielsweise sofort nach der ersten Besprechung durchgeführt.

Epilog

Sie haben beim Durcharbeiten erste Schritte in einem Prozeß gemacht. Hören Sie jetzt bitte nicht auf! Viele Gedanken darin mögen für Sie von der Qualität gewesen sein, daß sie für Sie „wahr" sind. Bei anderen hatten Sie mehr das Gefühl, daß Sie es „glauben" oder für „wahrscheinlich" halten. Hier möchten wir Ihnen etwas Wichtiges mitteilen – wenn etwas wahr ist, brauchen wir „es" nicht zu glauben und es ist einfach klar. Wir möchten Sie dazu herausfordern, Ihrem Gefühl zu trauen: Wir fordern Sie heraus, das zu tun, was Sie für wahr halten! Versuchen Sie es nicht, sondern tun Sie es oder tun Sie es nicht! Und wenn etwas schiefgeht, dann entschuldigen Sie sich nicht (vor sich selber oder vor anderen), denn Sie werden es garantiert wieder tun!

Wir wünschen Ihnen
- die Weisheit, zurückzublicken und die Vergangenheit zu vestehen;
- die Offenheit und Freude, die Gegenwart aufzunehmen, und
- die Geduld mit sich selber, das Erkannte mit Mut und Kraft im Vorwärtsgehen umzusetzen.

Entscheiden Sie jetzt über Ihre nächsten konkreten Schritte!

Epilog

Datum	Aktivität – Was?	Bis wann?	Wer?	Für wen?

Datum	Aktivität – Was?	Bis wann?	Wer?	Für wen?

Epilog

Datum	Aktivität – Was?	Bis wann?	Wer?	Für wen?

Kopiervorlagen

Datum			
Aufgabe (Lebens- oder Berufsgebiet)	Stärken	Folgen/ Chancen	Offene Fragen/ Absichten?

Kopiervorlagen

Datum			
Aufgabe (Lebens- oder Berufsgebiet)	**Stärken**	**Folgen/ Chancen**	**Offene Fragen/ Absichten?**

Teilnehmer: _____

Datum/Ort: _____ Sonstiges: _____

1 Was ist mein Hauptziel?
_____

2 Welche Punkte könnten/müssen zur Sprache kommen?
_____

3 Welche Entscheidungen könnten/müssen getroffen werden?
_____

4 Was muß ich erreichen?
_____

5 Was muß ich vermeiden?
_____

6 Was muß mein Gesprächspartner erreichen?
_____

7 Was muß mein Gesprächspartner vermeiden?
_____

8 Welche Ziele decken sich?
_____

9 Wo liegen unsere möglichen Zielkonflikte?
_____

10 Wo fehlen noch Informationen?
_____

Kopiervorlagen

Z — **Zweck** *Zu welchem Zweck machen wir das? Was habe ich davon? Was bedeutet das für uns?* **Wann?**			
I — **Inhalt** *Methoden, Vorgehensweisen, Handlungen, Personen* **Wie und Wer?**			
E — **Ergebnis** *Ein meßbarer und überprüfbarer Zustand. Erfolgskriterien?* **Was?**			
L — **Länge** **Wie lange?**			

Kopiervorlagen

Datum	Anrufer – Wer?	Nummer	Thema – Was?	Aufgabe

Stichwortverzeichnis

ABC-Analyse 54
Aktivitätenliste 34 ff., 64 ff.
ALPEN 58 ff.
Anruferliste 62, 63
Arbeitsprotokoll 50, 51
Auftreten 80, 81

Desillusionierungsphase 40

Eisenhower-Prinzip 47 ff.
Euphoriephase 40

Flip-Chart 85

Gedächtnis 83
Gesprächsvorbereitung
  70 ff.

Kommunikation 91 ff.
Kommunikationsmängel
  101 ff.
Kompetenzbeurteilung
  18 ff.
Körperbewegungen 82
Körperhaltung 82

Lampenfieber 77, 78
Leistungsbilanz 12 ff.

Leistungsfresser 55 ff.
Leistungsphase 42
Lernphase 41
Lust-Frust-Bilanz 10

Medien 84 ff.

Overhead-Projektor 85

Persönlichkeit 20 ff.
Planen 66 ff.
Präsentation 74 ff.
Präsentationsplan 79
Prioritäten 53
Prozeßverlauf 39 ff.

Schwächen 14 ff.
Sprechweise 82
Stärken- und Schwächen-
  analyse 14 ff.
Stecktafel 85
Streßmanagement 65 ff.

Verhaltensliste 82, 83
Visualisieren 84 ff.

Wandtafel 85
Wichtigkeit 47

Stichwortverzeichnis

Zeiteinteilung 61
Zeitmanagement 46 ff.
Zeitplanbücher 60, 61
Ziel-Definition 23 ff.
ZIEL-Schema 33

Ziele 23 ff.
Zielfindung 23 ff.
Zielformulierung 29 ff.
Zielvereinbarung 37 ff.
Zusammenarbeit 70 ff.

Für Ihre Notizen

Für Ihre Notizen

Für Ihre Notizen

Für Ihre Notizen

Für Ihre Notizen

Für Ihre Notizen

Für Ihre Notizen

Für Ihre Notizen

Für Ihre Notizen

Für Ihre Notizen

Für Ihre Notizen

Eine Internet-Adresse für Clevere:

http://sts-verlag.de

Endlich die Online-Adresse für alle, die mehr Wissen wollen. Sie finden **Checklisten,** mit denen Sie Ihre Führungsqualitäten prüfen. Unternehmer, Geschäftsführer oder Abteilungsleiter bekommen in den **Manager-Tests** hilfreiche Tipps um ihre Fähigkeiten zu optimieren. Damit Sie sich auf dem internationalen Finanz-Parkett noch sicherer bewegen, führt Sie das **STS-Börsen abc** durch den Dschungel der Investment-Sprache. Sie erhalten jeden Tag einen guten **Ratschlag,** einen guten **Tipp,** z.B. über Steuern, Geld, Beruf, Datenverarbeitung. Zum Aufpeppen Ihrer nächsten E-mail stehen Ihnen kostenlos unsere bereits legendären **Web-Cards** zur Verfügung. Und selbstverständlich finden Sie auch sämtliche **Produktinformationen.** Besuchen Sie uns. Sie können nur gewinnen. Hier nochmal unsere Adresse:

http://sts-verlag.de